创新创业教育对高职英语专业学生创业意向的影响机制研究

杜 雄◎著

武汉理工大学出版社
·武汉·

图书在版编目（CIP）数据

创新创业教育对高职英语专业学生创业意向的影响机制研究 / 杜雄著. -- 武汉：武汉理工大学出版社，2024.9. -- ISBN 978-7-5629-7240-2

Ⅰ.H319.3

中国国家版本馆CIP数据核字第2024B94Z35号

责任编辑：尹珊珊
责任校对：严　曾　　排　版：米　乐
出版发行：武汉理工大学出版社
社　　址：武汉市洪山区珞狮路122号
邮　　编：430070
网　　址：http://www.wutp.com.cn
经　　销：各地新华书店
印　　刷：北京亚吉飞数码科技有限公司
开　　本：710×1000　1/16
印　　张：12.5
字　　数：198千字
版　　次：2025年4月第1版
印　　次：2025年4月第1次印刷
定　　价：95.00元

凡购本书，如有缺页、倒页、脱页等印装质量问题，请向出版社发行部调换。
本社购书热线电话：027-87391631　87664138　87523148

·版权所有，盗版必究·

前　　言

作为国家发展战略的重要一环，深化高等院校特别是高职院校的创新创业教育改革，不仅是国家实施创新驱动发展战略的核心举措，更是推动经济提质增效升级的关键途径。中国所倡导的"大众创业，万众创新"策略，在促进高职院校毕业生实现更高质量的创业就业方面具有举足轻重的地位。高职学生的创新创业活动对新兴产业的培育、区域经济的增长以及经济结构的转型升级具有显著的促进作用。

然而值得注意的是，作为创新创业生力军的高职院校学生，创新创业潜力尚未得到充分发掘，亟待进一步激发。特别是大中专英语专业学生的整体创业率偏低，创业积极性不高，创业成功率亦不尽如人意，这些问题亟待解决。

本研究旨在深入剖析高职学生的创业意向情况，以期为高职院校的创新创业教育改革提供理论支持和实践指导。高职院校的创新创业教育对于提升大学生的创业意向、推动社会经济的持续发展和就业市场的繁荣具有不可忽视的现实意义。

创业意向与创业行为之间的关系研究已成为全球创业研究领域的热点话题。在当前全球经济持续发展的背景下，创业不仅成为推动社会进步的重要力量，更是实现个人价值的重要途径。高职学生作为具有创新和创业潜力的群体之一，他们拥有丰富的想象力和创造力，对创业充满了热情和期待。因此，加强对其创业意向的研究，对于激发他们的创业热情、提升创业成功率、推动社会经济发展具有重要意义。在中国，关于创业意向的研究尚处于初级阶段，但专家学者们已在创业意向的影响因素方面进行了大量的探索。这些研究主要围绕个人特质、家庭背景、教育经历等方面展开，试图揭示创业意向形成的内在机制。然而，随着研究的深入，我们发现创业意向的形成并非单一因素所能解释，而是受到多种因素的共同影响。

本研究以计划行为理论、社会认知理论以及三元交互理论为坚实的理论基石，采用理论分析与实证研究相结合的方法，旨在全面深入地探究创新创业教育对高职学生创业意向的影响机制与路径。在理论分析部分，首先对计划行为理论、社会认知理论以及三元交互理论进行了系统的梳理和阐述。计划行为理论强调了行为是受到意向的直接影响，而意向又受到行为态度、主观规范和知觉行为控制三个因素的共同作用。社会认知理论则侧重于个体与环境的交互作用，认为人的认知、情感和行为是相互影响、相互作用的。而三元交互理论则进一步强调了人的认知、环境与行为三者之间的动态交互关系。在实证研究部分，采用了问卷调查的方法，收集了广州45所高校共计480份有效调查问卷。问卷设计科学合理，包含了关于高职学生创业意向、创新创业教育、个人特质、家庭背景等多个方面的信息。通过对这些数据的深入分析，能够更准确地了解高职学生创业意向的现状和影响因素。

本研究系统考察了中国背景下影响高职学生创业意向的主要因素。数据分析结果显示，性别、专业类别、年级、创业经历以及家庭背景等因素均对高职学生的创业意向产生显著影响。具体而言，男性学生的创业意向明显高于女性；理工类学生的创业意向最为强烈，显著高于语言类和其他专业类别的学生；三年级学生的创业意向明显高于一、二年级学生；拥有创业经历的学生其创业意向更为强烈；来自雇佣家庭背景的学生在创业意向上表露得更为积极。

本研究在深入探讨创新创业教育对高职学生创业意向的直接影响路径方面进行了系统的实证检验。研究数据明确显示，创新创业教育对于高职英语专业学生的创业意向具有显著的正向影响。这一结论不仅揭示了创新创业教育的实际价值，更为我们进一步构建高职学生创业意向的形成机制提供了有力的支撑。

本研究基于计划行为理论、社会认知理论与三元交互理论，构建了创新创业教育与创业意向之间的并列中介效应关系模型。这一模型为我们提供了一个全面的视角,有助于我们深入剖析创新创业教育如何通过作用于学生的创业态度、主观规范以及感知行为控制,进而影响其创业意向。具体而言,本研究通过Bootstrap法对中介效应进行了检验。结果显示,创新创业教育对学生的创业态度、主观规范以及感知行为控制均产生了显著的正向影响。这意味着,随着创新创业教育水平的不断提升,学生的创业态度变得更加积极,主观规范得到强化,同时感知行为控制也得到提升。这些变化为学生形成强烈的创业意向奠定了坚实的基础。进一步分析发现,创业态度、主观规范以及感知行为控制与创业意向之间存在正相关关系。也就是说,学生的创业态度越积极,主观规范越明确,感知行为控制越强烈,其创业意向就越强烈。在创新创业教育对高职学生创业意向的影响过程中,创业态度、主观规范以及感知行为控制起到了部分中介作用。

此外,本研究不仅深入剖析了高职学生创业意向的影响因素,更进一步探讨了创业制度环境和创业文化在创新创业教育对高职学生创业意向影响过程中的调节效应。这一研究为我们理解高职学生创业意向的形成机制提供了更为丰富的视角,也为高职院校有效开展创新创业教育、培养学生创业意向提供了宝贵的实践指导。在制度环境方面,研究结果表明,制度环境在创新创业教育与创业意向之间起到了显著的负向调节作用。这意味着,尽管创新创业教育本身对于提升学生的创业意向具有积极作用,但制度环境的不佳或缺陷却在一定程度上削弱了这种正向关系。例如,一些地区或学校的创业政策不完善、创业扶持力度不够,或者创业教育的课程设置与市场需求脱节,都可能导致学生在接受创新创业教育后,创业的信心和热情受到打击。与此相反,创业文化在创新创业教育与创业意向之间起到了积极的调节作用。一个浓厚的创业文化氛围能够激发学生的创业热情,鼓励他们积极参与创新创业活动。在这样的环境中,师生之间的交流和合作更加频繁,创新创业教育的实施也更加顺利。同时,创业文化的形成也能够促进学校与社会、企业之间的紧密联系,为学生提供更多的创业机会和资源。通过本研究,我们不仅可以更加深入地理解高职学生创业意向的影响因素及其形成机制,还可以为高职院校提供有针对性的实践指导。例如,在创新创业教育的实施过程中,学校应该注重与当地政府和企业的合作,争取更多的政策支持和资源投入;同时,学校还应该加强创业文化的建设,营造浓厚的创业氛围,激发学生的创业精神和创新意识。

　　此外，本研究在理论价值和实践意义方面也具有重要贡献。在理论层面，本研究构建了一个全新的理论模型，揭示了创新创业教育与创业意向之间的复杂关系以及制度环境和创业文化在其中的调节作用；在实践层面，本研究为高职院校开展创新创业教育提供了有益的参考和借鉴，有助于推动创新创业教育的深入改革和持续发展。相较于已有研究，本研究在多个方面均有所创新和贡献。首先，本研究通过引入制度环境和创业文化两个重要的调节变量，进一步完善了创新创业教育与创业意向之间的理论模型；其次，本研究通过实证研究和统计分析，深入探讨了制度环境和创业文化在创新创业教育与创业意向之间的调节效应，为相关领域的研究提供了新的思路和方向；最后，本研究在探索中介路径机制以及引入新的概念等方面也取得了一定进展，为推动创业领域的研究与发展提供了有益的启示。

目　录

第一章　引言   **1**
    第一节　研究背景   1
    第二节　研究问题   7
    第三节　研究对象   9
    第四节　研究意义   10

第二章　文献综述   **15**
    第一节　关键概念评论   15
    第二节　理论研究基础   56
    第三节　研究假设   62
    第四节　理论模型建构   72

第三章　研究方法   **75**
    第一节　总体、样本和抽样程序   75
    第二节　数据收集方法   79
    第三节　数据分析方法   83

第四章　数据收集与分析　　　　　　　　　　　　89

第一节　预调研分析　　　　　　　　　　　　89
第二节　正式调研分析　　　　　　　　　　　103

第五章　实证分析与假设检验　　　　　　　　　125

第一节　描述性统计与相关性分析　　　　　　126
第二节　差异性分析　　　　　　　　　　　　129
第三节　主效应假设检验　　　　　　　　　　132
第四节　中介效应检验　　　　　　　　　　　142
第五节　调节效应假设检验　　　　　　　　　144
第六节　分析结果小结　　　　　　　　　　　156
第七节　分析结果讨论　　　　　　　　　　　157

第六章　研究结论与展望　　　　　　　　　　　163

第一节　主要研究结论　　　　　　　　　　　164
第二节　研究贡献与创新　　　　　　　　　　169
第三节　研究启示　　　　　　　　　　　　　175
第四节　研究的不足与展望　　　　　　　　　178

附录：调查问卷　　　　　　　　　　　　　　　181

创新创业教育对高职英语专业学生创业意向的影响　　181

参考文献　　　　　　　　　　　　　　　　　　184

第一章 引言

第一节 研究背景

　　创新和创业往往可以互换使用。从以往的研究中，我们知道创新和创业是紧密相连的（Silvana、Jing、Jiatao、Briefing），Domingo Ribeiro Soriano等学者认为创新是创业的基础。创业和创新可以看作是同一枚硬币的不同面。创新战略、终身学习和创业是成功的关键。学者Ramadani和Geguri指出，创新对可持续增长和经济发展至关重要。创业是一个国家或地区经济增长的核心驱动力（Pragg、Versroot）。创业活动在可持续经济发展中的作用引起了世界各国政府的关注。在美国，高等教育机构开设的创业课程数量从20世纪70年代的几门增加到2005年的1600多门（Trish Boyles）。各国政府提出了经济改革和升级政策，建立了创新和创业部门及学校，并在世界各地举办创新创业竞赛和活动，以培养人才，提高他们的创业和就业能力，从而加强了国家的国际竞争力，改善了人民的生活。

　　关于世界各地高等教育面临的要求使学生更具创业精神或进取心的压力的性质，人们有着广泛的共识（Gibb、Hannon）。在高等教育的层次中，高职教育是创新创业教育的主体。学者们主要关注高职院校的研究：创业意向，专业核心素质，创新创业教育现状、原因及对策（张红，刘鹤年，李晓，桑雷）。2015—2018年，国务院先后出台了多个关于创新创业的文件、政策和规定，充分显示了中国对这方面的重视。例如，2018年出台的《国务院关于推动创新创业高质量发展打造"双创"升级版的意见》。这些政策为创新创业创造了良好的外部环境。然而，尽管这些政策对中国的创新创业产生了积极影响（张勋，万广华，张佳佳，等），但大学生的创业成功率仅为2.4%（中华人民共和国教育部）。特别是高职学生存在创业积极性低、创业计划不合理、创业成功率低等一系列问题。由于高职学生是一个庞大的群体，在我国高等教育中占有重要地位，因此必须重视高职学生的创新创业教育（甘丽华）。

尽管创新创业教育在推动创业行为的过程中扮演着举足轻重的角色，被视为不可或缺的关键输入因素，然而对于其实际产生的影响力，我们仍然缺乏足够的认知（李兴光）。目前，对于创新创业教育，特别是在中国特有的教育背景下的，其影响机制和具体作用程度尚未能得出可靠的实证研究结果（李兴光）。

一、现实背景

随着中国经济发展进入新常态，世界经济发展进入转型期，社会经济下行，压力加大，经济增长放缓。如何激发经济发展的新动能，成为对经济发展的最大关切。从2008年开始，面对经济放缓，各国政府纷纷提出经济改革升级政策，成立创新创业部门和学校，在全球范围内举办创新创业竞赛和活动，培养人才，提高创业和就业能力，增强国家国际竞争力，改善民生。在英国，发展这一领域的主要推动力出现在1976—1977年，当时英国政府担心失业率上升，并看到自营职业和中小企业的创建有可能缓解这一问题，与曼彻斯特大学商学院签订合同，为有经验但后来失业的大公司经理开设课程，这些经理希望自己创业（David、Gareth）。在葡萄牙，自21世纪初以来，高等教育机构的创业教育一直在推广和实施,尽管第一门创业课程是在20世纪90年代开设的。在中国,自2014年以来,多次强调"大众创业、万众创新"的重要性,并将其视为中国经济增长的新引擎。从那时起,在国家的大力支持下,创新创业人才的培养取得了显著成效,在短短20年内,中国提交的国际专利申请数量增长了200多倍,中国的高等教育规模位居世界第一(人民日报)。

在当前的社会背景下,创新创业已经成为推动经济发展的重要力量。中国政府在这方面制定并实施了一系列政策,以期鼓励和支持创新创业的发展。尽管这些政策在创新创业方面发挥了积极作用,但中国的企业家数量和创业成功率与预期和实际需求之间仍存在较大的差距。特别是作为创新创业的生力军,中小学生以及高职院校的学生们在这一领域的表现仍有许多需要改进和提升的地方。对于中小学生来说,他们明显存在创业积极性低、创业结构不合理、创业成功率低等一系列问题。这可能是由于缺乏必要的创业教育和引导以及缺乏足够的实践机会和资源。因此,加强中小学生的创新创业教育,培养他们的创新思维和创业能力成为当前教育领域亟待解决的问题。与此同时,高职院校作为高等教育的重要组成部分,其学生群体的庞大数量对于推动创新创业发展具有重要意义(甘丽华)。然而,当前高职院校的创新创业教育仍存在一定的不足,如课程设置不够丰富、师资力量不足、实践平台缺乏等。因此,高职院校必须加强对创新创业教育的重视,完善相关课程体系,加强师资队伍建设,并为学生提供更多的实践机会和资源。近年来,中国高职院校的招生规模不断扩大,这进一步凸显了创新创业教育的重要性。据数据显示,高职院校的入学人数逐年增长,从2016年的343.2万人增加到2018年的368.83万人。这一趋势不仅体现了国家对高等职业教育的重视,也反映了社会对技能型人才的需求不断增加。为了进一步扩大高职教育的规模,提升教育质量,中国政府也在积极推进高职院校的扩招。2019年的《政府工作报告》明确提出了"改革完善高职院校考试招生办法,鼓励更多应届高中毕业生和退役军人、下岗职工、农民工等报考,今年大规模扩招100万人"的目标。这一政策的实施,无疑将进一步推动高职教育的普及和发展。然而值得注意的是,大规模的扩招并不意味着每年都能保持稳定的增长速度。对于已经面临"一线人才短缺、本科生失业"的市场来说,过多的高职毕业生可能会给就业市场带来一定的压力。

　　创业无疑是经济发展过程中不可或缺的重要推动力。在现代社会中，创新创业教育不仅对提高职业院校学生的创业意愿、促进他们的就业创业具有显著作用，更在培养创新意识、创业精神，创新人才培养模式，服务创新型国家建设，以及推动经济发展等方面发挥着不可替代的关键角色。从更宏观的层面来看，创业可以推动产业升级，促进经济结构转型升级，为社会创造大量的就业机会，并有效促进社会技术进步。正如Hathaway和Litan所指出的，创业活动是推动经济发展的重要引擎，它不仅能够带动经济增长，还能够提升整个社会的创新能力和竞争力。在职业院校中，创新创业教育的重要性更是不言而喻。这种教育形式旨在通过一系列的课程和活动，帮助学生了解创业的基本知识和技能，培养他们的创新思维和创业精神。同时，创业教育还能够使学生更好地认识自己在社会中的角色，从而为他们未来的职业发展打下坚实的基础。然而，尽管创新创业教育的地位和作用日益凸显，但关于其实际效果的研究却相对较少。特别是在中国教育背景下，对高职学生创新创业教育的研究更是缺乏深入实证研究的结果。这在一定程度上限制了我们对创新创业教育影响机制的理解，也影响了其在实际应用中的效果。因此，我们需要进一步加强对创新创业教育的研究，特别是针对中国高职学生的研究。通过收集和分析相关数据，我们可以更深入地了解创新创业教育的实际效果，从而为其改进和优化提供有力的支持。同时，我们还需要关注创新创业教育的实施方式和内容，确保其能够真正符合学生的需求和社会的期望。

　　在中国，创新创业教育起步较晚。尽管创新创业教育改革取得了显著成效，但与西方发达国家相比仍存在较大差距（徐小洲，倪好，吴静超）。目前，国家层面的创新创业教育顶层设计已经完成，相关研究正在逐步深化。然而，为了更全面、深入地理解创新创业教育对学生创业意愿的影响，我们有必要对关键概念及其关系进行明确的界定，并探讨其中的影响机制与因素。首先，我们需要明确创新创业教育、创业意愿以及制度环境等关键概念的内涵。创新创业教育是指通过课程、实践、讲座等多种形式，培养学生的创新思维、创业精神和创业能力。创业意愿是指个体对于创业活动的兴趣和意愿强度。制度环境则是指影响创业活动的政策、法规、文化等外部因素。这些概念之间存在着密切的联系，相互作用，共同影响着学生的创业行为。其次，我们需要探讨高职学生所受创新创业教育对其创业意愿的影响机制。一方面，创新创业教育能够帮助学生树立正确的创业观念，激发其创业热情；另一方面，通过实践环节，学生能够深入了解创业过程，积累创业经验，从而提升其创业能力。这些正面影响将进一步增强学生的创业意愿，推动其走向创业之路。此外，我们还需要关注影响大学生创业意愿的因素。除了创新创业教育外，个人特质、家庭背景、社会环境等也会对创业意愿产生影响。例如，具有创新思维、冒险精神的学生往往更愿意尝试创业；而家庭的支持和鼓励也会对学生的创业意愿产生积极影响。因此，我们需要综合考虑多种因素，全面分析它们对创业意愿的影响。然而，在现有的研究中，学者们更多地关注创新创业教育课程体系的构建，或者仅关注影响高职学生创业意愿的前因。这使得我们对创新创业教育与创业意愿之间的关系理解尚不够深入。因此，本研究试图在这方面作出应有的努力和贡献。我们将通过实证研究，深入探究创新创业教育对学生创业意愿的影响机制和影响程度，以期为高职学生的创业教育开展和创业意愿培养提供更为科学的指导。

二、理论背景

许多学者长期关注高校创新创业教育的研究，对创业教育与创业意图、创业行为的关系达成了一定共识。但现有的研究缺乏对创新创业教育与创业意向之间机制的系统深入研究。他们中的一些人研究了创业意向的前因的影响。诸多研究表明，意图被公认为预测任何计划行为的最佳且唯一的因素（Ajzen、Shapero、Sokol、Bird、Krueger、Brzeal）。与实际行为相比，意图具备实时测量的优势，不易受到外界干扰因素的影响。个体的意愿强度与其实际行为发生的可能性呈正相关关系（Ajzen），即一旦个体产生明确的意图，其实际行为的发生概率便会显著提升。创业意图研究的广阔前景在于，研究人员无需深究个人意图向行动转变的复杂过程，而是可以聚焦于分析背景因素、环境因素（例如创新与创业教育）以及行为的最终成果（即个人的创业意图)。计划行为理论在创业意向研究领域具有显著优势,被视为首选理论框架。Krueger和Carsrud明确指出,计划行为理论模型能够有效分析创业教育对个体创业意愿的影响,进一步印证了该理论在相关领域应用的合理性与有效性。根据计划行为理论,意图的形成受到个人态度、主观规范以及感知行为控制等多重因素的影响(Ajzen)。这一理论框架为深入剖析创业意图的形成机制提供了有力的理论支撑。

计划行为理论被广泛用于预测个人的创业意图(Krueger、Fayolle)。李兴光运用计划行为理论研究了影响我国大学生创业意愿的主要因素,实证检验了创新创业教育对大学生创业意愿直接影响的路径。研究发现,创新创业教育对大学生创业意愿有显著的正向影响。李静薇在创业视角的框架下,以三元交互理论与计划行为理论为依据,深入探讨了大学生态度因素与学校教学因素在高等教育创业体系中对创业活动的影响。同时,该研究还引入了社会心理学领域的职业价值观概念,深入剖析了大学生职业价值观在创业教育构成变量与大学生创业意愿关系中的调节作用。基于计划行为理论、三元交互理论和自我效能理论,结合创业教育的成果,宁德鹏实证研究了创业教育对创业行为的可能影响机制,得出创业教育的细分维度对创业行为有积极而显著的影响。

关于高职学生创业意向的研究。李笑以天津海河教育园区五所重点职业院校的学生和毕业后五年内自主创业的学生为主要研究对象,运用实证研究方法,关注相关内外部环境,以创业态度、感知行为控制和主观规范为前提,在新模型的建立中考虑了创业质量的五个视角,选取创业意识、创业质量、创业知识、创业能力和创业态度五个先行变量作为影响创业意向的因素。同时,选择创业氛围和性别作为调节变量,探讨它们是否在先行变量和创业意向之间发挥调节作用。研究结果表明,对创业态度、创业意识、创业知识及创业素质的积极培养与提升能够有效激发高职学生的创业意愿。在依托计划行为理论与三元互动理论的基础上,邓丽璇针对创业教育、创业意愿、创业能力及创业行为四个核心量表进行了信度和有效性检验,并对创业教育如何影响创业行为的作用机制进行了详细剖析。研究最终揭示,创业教育对创业行为具有显著且积极的正向推动作用。在这一过程中,创业意愿作为重要的中介变量,在创业教育与创业行为之间发挥着不可或缺的桥梁作用。

　　通过分析现有的理论研究结果，发现越来越多的研究者认为创新创业教育与创业意愿之间存在着密切的互动关系。然而，现有的研究重点相对分散，许多研究视角局限于一维，或者仅从单一方向展开。从研究对象来看，创新创业研究仍有提升空间。当前，关于高职院校的创新创业教育，一些研究倾向于将其泛化地纳入大学生的整体范畴中，却未能充分关注到高职学生所具备的独特性。高职学生群体的特性显著，若将其与普通大学生混同培养，显然无法有效应对高职创业教育所面临的挑战。因此，如何在高职院校中科学、系统地开展创新创业教育，仍然是学术界与实务界亟需深入探究的重要课题。

第二节　研究问题

　　创新创业教育与创业意向是创业研究的重点，但学者们并没有深入研究它们之间的多维关系。计划行为理论可以很好地解释创业意图和创业行为，计划行为理论模型也可用于分析创新创业教育如何影响个人创业意愿。目前，虽然有人利用计划行为理论研究创新创业教育对创业意愿的影响机制，但现有的研究大多将高职学生与普通大学生混为一谈，没有考虑到高职院校学生的具体特点，也没有解决高职院校创新创业教育面临的问题。因此，本书在总结现有研究成果的基础上，主要研究创新创业教育对高职学生创业意愿的影响机制。基于计划行为理论和三元互动理论，探讨了创新创业教育与创业意愿的关系，得出了创新创业教育与创业意愿协同的路径，以提高高职学生的创业意愿。因此，本书将逐步探讨以下四个具体的子问题。

　　（1）创新创业教育如何影响高职学生的创业意愿？

　　在现有的研究成果中，学者们对创新创业教育对个体创业意愿形成的影响达成了共识，也有学者对创业教育对创业意愿的影响进行了实证研究。但以往的研究成果很少涉及创新创业教育与高职学生创业意愿的协同路径，许多研究也只是基于西方发达国家创新创业教育和创业意愿的关系来推论，很少有研究是基于中国等发展中国家的情况，研究结果也不符合实际为发展中国家的机构的情况。因此，本书将在现有研究成果的基础上，继续探讨创新创业教育对高职学生创业意愿的影响机制，并进行规范的实证研究，以进一步分析和验证。

（2）如何从计划行为理论模型的角度分析高职学生的创业意向？

先前的许多研究都指出，计划行为理论可以用于预测个人的创业意图（宁德鹏，李兴光）。现有的研究主要集中在创新创业教育与创业意愿之间的关系，但很少有论文涉及高职学生创业意愿的影响因素。因此，本书基于当前的研究成果，深入探讨了创新创业教育与创业意愿之间的内在联系。此举旨在进一步拓展基于计划行为理论的创业意向研究视角，从而增强其对于个体创业意向预测的准确性，为未来的相关研究与实践提供更为坚实的理论支撑。

（3）制度环境如何影响高职学生的创业意愿？

制度环境是高职院校开展创新创业教育的重要外部环境，对高职院校创新创业教育进程具有重要影响。不同的国家和地区有不同的制度环境，因此旨在提高高职学生创业意愿的创新创业教育模式会有很大差异。不同的制度环境会对创新创业教育和创业意愿影响机制的强度和功能产生不同的影响，能使得创新创业教育对创业意愿的影响机制更接近社会现实，研究结果才更具解释性和预测性。

（4）创业文化如何影响高职学生的创业意愿？

对高职学生开展创新创业教育面临着复杂的外部环境。因此，高职院校必须认真考虑不同的创业文化如何动态协调创新创业教育与创业意愿之间的关系，以实现创业意愿的提升。本书总结了我国旨在提高高职学生创业意愿的创新创业教育模式，为培养国家创新人才、强化高职学生创业意向提供了理论依据。

第三节 研究对象

  本书聚焦于对广州高职院校创新创业教育的研究，目的是揭示以提升高职院校学生创业意向为目的的创新创业教育与创业意向之间的关系。本书将得出高职院校创新创业教育对创业意向的影响机制与路径，从而为高职院校创业意向的强化和创新型人才培养提供建议和依据。

  中国是发展中国家，中国的创新创业教育起步较晚，高职院校开展创新创业教育的时间也不长，而且面临着资源不足的困难。然而，近年来，国务院相继出台了一系列关于创新创业的文件和政策法规，这充分彰显了中国政府对创新创业教育的高度重视与坚定支持。同时，值得关注的是，2019年高职院校的扩招举措直接导致了2022年全国高职院校毕业生人数的显著增加，这无疑对当年高职院校毕业生的就业市场造成了巨大的冲击与压力。展望未来，国家依然明确要求高职教育必须积极适应经济发展的新常态，紧密围绕创新引领创业的核心理念，通过创业活动的蓬勃开展，有效带动毕业生就业，促进高职教育与经济社会发展的深度融合。这一要求不仅体现了国家对高职教育的战略定位，也为高职院校指明了发展方向，对于强化整个社会的创新创业氛围和人才培养质量提升具有深远的意义。广州作为广东省省会城市，经过改革开放40多年的发展，高职教育已初具规模。截至2020年6月30日，全国高等学校共计3005所：普通高等学校2740所，含本科院校1272所、高职（专科）院校1468所；成人高等学校265所。其中广州的高职院校有45所，有577831名学生。广州高职院校的快速发展正成为经济全球化大背景下的新典型，我国高职院校创新创业教育的发展对其他发展中国家创新创新教育、创新人才的培养都有一定的借鉴性。因此，本书的研究对象是广州市内45所高职院校。

  高职院校创新创业教育的实施对象是在校学生，人才培养方式的选择和执行都需要协同多部门参与。只有接受创新创业教育的学生才能反映创新创业教育的整体情况，所以本书的调查对象是广州市内45所高职院校接受创新创业教育的学生。

第四节 研究意义

在当下社会，创新创业已经成为推动经济发展的重要动力，而职业院校的学生作为未来的创业力量，其创业意愿的培养尤为重要。本书旨在通过对研究创业意愿的文献进行综述和深入探讨，结合广州职业院校的具体情况，从理论和实证两个方面全面研究创新创业教育对学生创业意愿的影响机制，以期揭示其内在逻辑，为当前创新人才的培养、高职学生创业意愿的培养以及创新创业教育的实践与改革提供积极的理论支持和实践指导。

一、理论意义

本书通过对高职院校创新创业教育与创业意愿关系的研究，分析创新创业教育和创业意愿（行为态度、主观规范、感知行为控制）之间的关系，而且将在现有理论研究的基础上进行拓展和深化。本书的理论意义主要体现在以下几个方面。

（1）丰富了高职院校创新创业教育对创业意愿影响机制的研究

在当今社会，创新创业已经成为推动经济发展的重要力量，而高职院校作为培养创新创业人才的重要基地，其创新创业教育对学生创业意愿的影响机制成为一个值得深入研究的课题。本书基于计划行为理论和三元交互理论这两个基础理论，深入探讨了创业意向及其前置因素的影响机制。

计划行为理论强调了人的行为受其意图的直接影响，而意图又受到态度、主观规范和感知行为控制三个因素的作用。在高职院校创新创业教育的背景下，学生的创业意向同样受到这些因素的影响。同时，三元交互理论则进一步揭示了环境、个体和行为之间的相互作用关系。在高职院校中，创新创业教育的实施、创业制度环境的构建以及创业文化的培育都对学生的创业意向产生了深远的影响。

尽管许多研究已经关注了创业意向，但鲜有研究将高职院校的创新创业教育、创业制度环境和创业文化这三个因素纳入一个统一的分析框架中，探讨它们对创业意向的综合影响。因此，本书的研究不仅填补了文献中的这一研究空白，还为我们更全面地理解高职院校创新创业教育对创业意愿的影响机制提供了重要的理论支撑。

（2）扩大了创业意向的研究范围

在深入分析相关文献的基础上，本书进一步构建了创新创业教育影响高职学生创业意愿的路径模型。这一模型不仅考虑了创新创业教育的直接作用，还探讨了创业制度环境和创业文化在其中的重要作用。通过这一模型，我们可以更清晰地看到创新创业教育、制度环境、创业文化以及学生个人态度、主观规范和感知行为控制等因素如何相互作用，共同影响学生的创业意向。

此外，本书还通过实证研究验证了这一模型的有效性。通过收集高职院校学生的数据，并运用统计分析方法，我们发现创新创业教育的确对学生的创业意向产生了显著的影响，同时制度环境和创业文化也在其中发挥了重要的调节作用。这一发现不仅验证了模型的有效性，也为我们进一步理解创业意向的形成机制提供了实证支持。

通过构建和验证这一路径模型，本书不仅扩大了创业意向的研究范围，还为后续研究提供了重要的理论基础和参考依据。未来研究可以在此基础上进一步探讨其他因素如个人特质、家庭背景等对创业意向的影响，以及不同因素之间的相互作用关系。

（3）实证检验了创新创业教育对高职学生创业意愿的影响机制和路径

本书不仅进行了理论分析，还通过实证研究将创新创业教育对高职学生创业意愿的影响机制和路径进行了深入检验。研究结果表明，创新创业教育对学生的创业意愿具有显著的直接影响，同时个人态度、主观规范和感知行为控制等变量在创新创业教育和创业意愿之间起到了多重平行中介的作用。

这一发现不仅证实了创新创业教育在培养学生创业意愿方面的重要作用，还揭示了其影响机制的复杂性。创新创业教育通过强化学生的个人态度、主观规范和感知行为控制等心理因素，进而增强学生的创业意愿。同时，制度环境和创业文化也在这一过程中发挥重要的调节作用，为学生提供了良好的创业氛围和条件。

基于这些实证结果，本书进一步提出了针对高职院校创新创业教育的改革与实践建议。例如，加强创新创业课程的设置与改革，提高教师的教学水平和创新能力；加强校企合作，为学生提供更多的实践机会和创业资源；营造良好的创业氛围和文化，激发学生的创业热情和动力等。这些建议对于提高高职院校的创业意愿和培养学生的创新创业能力具有重要的指导意义。

（4）拓展了创业制度环境的研究内容

在当前的社会背景下，创业已成为推动经济发展的重要力量，而制度环境对创业意愿的影响也受到了越来越多的关注。然而，目前关于制度环境与创业意愿之间关系的研究相对较少，特别是在创新创业教育的具体背景下，这一领域的研究更是显得薄弱。尽管人们普遍认识到创业制度环境对个人创业意愿具有重要影响，但关于教育与创业制度环境之间关系的探讨却相对匮乏。

本研究在充分借鉴前人研究的基础上，深入挖掘了创新创业教育与制度环境之间的内在联系。研究发现，创新创业教育与制度环境之间存在着密切的关联，两者共同作用于个体的创业意愿。一方面，良好的制度环境能够为创业教育提供有力的支持和保障，激发个体的创业热情和信心；另一方面，创新创业教育能够通过培养学生的创新思维和创业能力，提升他们的创业意愿和成功率。

这一研究不仅丰富了创业制度环境的研究内容，也为创业意向研究的理论建设和现实意义提供了重要的支撑。同时，本研究还为我国创新创业教育改革实践提供了重要的理论指导，有助于推动创新创业教育的深入发展。

（5）推进创新创业教育理论研究

我国创新创业教育起步较晚，相关研究尚处于起步阶段，尚未形成完整、系统的理论体系。因此，本研究立足于我国创新创业教育的实际背景，从多维度、多视角、多路径出发，深入探讨了创新创业教育对高职学生创业意愿的影响。

通过深入分析，本研究发现创新创业教育对高职学生创业意愿具有显著的影响。一方面，创新创业教育能够帮助学生树立正确的创业观念，激发他们的创业热情；另一方面，创新创业教育还能够提升学生的创业能力和综合素质，为他们的创业之路奠定坚实的基础。

此外，本研究还进一步探讨了创新创业教育对创业意愿的影响机制和中介路径。研究发现，创新创业教育通过提升学生的创业自我效能感、创业动机以及创业机会识别能力等方式，进而影响其创业意愿。同时，制度环境和创业文化也在其中发挥着重要的中介作用。

这一研究不仅深入剖析了创新创业教育的内涵和价值，也为创新创业教育的理论推进作出了宝贵的尝试和贡献。未来，随着研究的深入和拓展，相信创新创业教育理论体系将不断完善和发展，为我国的创新创业教育提供更加坚实的理论支撑和指导。

二、实践意义

为了应对经济发展新常态，寻求国家的可持续竞争优势，我们必须在高职传统创业教育的基础上进一步融入创新意识、创业思维以及创业技能和能力的培养。这样的举措旨在增强高职学生的学习能力，增强他们的创业意向，使他们能够更好地适应复杂多变的经济环境。本研究对于理解中国高职学生创业意向的影响因素与形成机理，完善高职创新创业教育体系，指导高职创新创业教育改革探索与实践具有重要的现实意义。

对高职院校创新创业教育开展的指导意义体现在多方面。就高校学生创业意向而言，多种类型的因素均会对其产生一定程度的影响。然而，目前的研究大多缺乏广泛的研究客体，尤其是对于高职院校学生的创业意向研究较为匮乏。因此，本研究以广州高职院校在校学生为主要研究对象，借助实证研究方法，从深层次对影响高职学生创业意向的主要因素进行探究和剖析。这不仅有助于我们更好地了解高职学生的创业意向及其影响因素，还可以为创新创业教育的优化提供有力的理论支持和实践指导。

本研究为改进和完善高职院校创新创业教育机制提供新思路。通过深入剖析影响高职学生创业意向的因素，我们可以为高职院校制定更加有效的创新创业教育方案提供借鉴。这不仅可以提高高职院校创新创业教育的有效性和针对性，还可以进一步激发高职学生的创业激情和创新能力。因此，我们有必要对样本学生的创业意向及其影响因素进行深入的研究和分析。

  本研究还有助于更好地预测高职学生是否会采取行动开展创业。通过研究创新创业教育对高职学生创业意向的影响路径机理，可以更准确地判断哪些因素能够激发高职学生的创业意愿，从而为他们提供更有针对性的指导和支持。同时，强化高职学生的创业意向可以有效增加他们创业的可能性，进而为社会创造更多的就业机会和经济效益。

  本研究对创新创业教育政策制度的制定也具有一定的借鉴意义。创新创业教育的相关政策制度对于强化高职学生创业意向与创业行为的形成具有重要的作用。在制定相关政策时，我们应关注创业制度环境的培养，为创新创业教育提供必要的政策倾斜和支持。这样不仅可以激发高职学生的创业激情，还可以为他们的创业之路提供坚实的保障。

第二章 文献综述

第一节 关键概念评论

本节将对上述研究问题中涉及的关键概念进行梳理和评述。通过对这些关键概念的梳理,可以为本研究的发展奠定坚实的理论基础。

一、创新创业教育

(1) 创新的定义

有辞书把创新定义为"创造之始",即第一次创造。它有以下三个内涵:第一,弃旧创新;第二,对某事有新的想法;第三,在旧的基础上进行更新。创新的一个定义是这样的:"通过引入新的东西来改变现有的东西。"(《新牛津英语词典》,1998年,第942页)

国外学术界对创新的研究起步很早,最早出现在经济领域,在该领域创新被普遍认为是一种经济发展理念。经济学家熊彼特首先提出了"创新理论"。他认为"创造性破坏"就是企业家所做的。创新需要实施，要么投入使用，要么让其他方（公司、个人或组织）使用。

从以往的研究中，我们知道创新是一种认知和行为活动，它利用已知的条件产生新的、前所未有的新方法、新过程、新思想和新产品。创新是一种主观能动性得到高度体现的活动。它是人类特有的认知活动和实践活动。创新也是推动社会发展的不竭动力。创新不仅新颖，而且必须创造价值（Tidd）。

（2）创业的定义

在熊彼特看来，创业是指企业家在生产新产品或旧产品的过程中使用新的生产方法，充分发挥其独特的创业精神和创新精神，并在此过程中不断改进和创造生产方式。

美国著名创业之父杰弗里·蒂蒙斯在其著作《创业创造》中，为我们详细阐述了创业的五个核心组成部分，它们分别是商机、创始人、资源需求和商业计划、创业融资以及快速增长。这一框架为我们提供了对创业过程的全面的理解，并强调了每个部分在创业成功中的重要性。首先，商机是创业的起点，它指的是市场上存在的未被满足的需求或潜在的机会。一个成功的创业者需要洞察市场趋势，发现并利用这些商机。例如，近年来，随着科技的不断进步和消费者需求的多样化，互联网、人工智能、生物科技等领域涌现出了众多商机，吸引了大量的创业者投身其中。其次，创始人是创业的核心，他们不仅要有独特的创意和想法，还需要具备领导力、执行力等关键能力。一个优秀的创始人能够带领团队应对各种挑战，实现创业目标。他们通常拥有坚定的信念和毅力，能够克服创业过程中的种种困难。资源需求和商业计划是创业过程中的重要内容。创业者需要评估所需的各种资源，如资金、技术、人才等，并制订相应的商业计划，以确保资源的有效利用和创业目标的顺利达成。商业计划不仅有助于创业者明确目标和方向，还能为投资者和合作伙伴提供清晰的蓝图，增强他们对项目的信心。创业融资是创业过程中的关键一环。创业者需要通过各种途径筹集资金，以支持企业的初创和后续发展，这包括向亲友借款、寻求银行贷款、吸引风险投资等。在融资过程中，创业者需要充分展示项目的潜力和市场前景，以吸引投资者的关注和支持。最后，快速增长是创业的目标之一。在市场竞争中，企业需要不断地拓展业务、提升品牌影响力，以实现快速增长。这要求创业者具备敏锐的市场洞察力和创新能力，能够抓住市场机遇，推出符合消费者需求的产品和服务（Jeffery Timmons）。

此外，德鲁克作为管理学大师，他对创业也有着独特的见解。他认为，创业并非简单地对旧事物的复制，而是一种在旧有基础之上的创新和发展。德鲁克强调，创业本质上是一种基于知识的实践精神，它要求创业者具备丰富的知识储备和实践经验，能够运用所学知识解决实际问题。

同时，Kirzner将创业定义为一种特殊的预见能力，即发现市场中的缺陷并在弥补这些缺陷的过程中进行创新。这种预见能力使得创业者能够洞察市场趋势，发现潜在的商业机会，从而创造出新的产品或服务，满足消费者的需求。

而Teresa Tiago等人则认为，创业不仅对个人产生影响，更对个人、集体和整个社会的创新、生产力以及竞争力产生深远影响。创业活动能够推动科技进步，促进经济发展，创造就业机会，从而提升整个社会的福利水平。

（3）创新创业的定义

"创新创业"一词最早出现在2004年的宣传报道中。事实上，创新和创业仍然是分开使用的两个概念。2010年，教育部文件指出，要大力推进创新创业教育。

曹旭在深入研究创新创业教育时，对创新创业的教育进行了简要而具有启发性的定义。他认为，创新创业的教育并非一蹴而就的短期任务，而是一个需要长期坚持并使其深入人心的系统工程。在这个过程中，核心目标是引导学生树立一种前瞻性的创新创业理念，并培养他们具备一种特殊的精神气质，这种精神气质将激励他们在未来的学习、工作和生活中，不断追求创新，勇于创业。关于创新创业的理念，曹旭强调，这不仅仅是一种关于创新和创业的知识或技能，更是一种价值观和思维方式。学生需要深刻理解创新是推动社会进步的重要动力，创业是实现自我价值的重要途径。他们应该具备敏锐的洞察力，能够发现并抓住机遇；同时，还需要具备坚定的意志力，能够在困难和挑战面前坚持不懈。其次，这种特殊的精神气质体现在学生的自我驱动、团队协作、抗压能力等多个方面。学生应该具备自我驱动的能力，能够主动学习新知识，不断提升自己的综合素质；同时，还需要具备团队协作的精神，能够与他人有效沟通，共同完成任务；此外，抗压能力也是创新创业人才必备的品质，他们需要在面对压力和挫折时保持冷静，积极寻找解决问题的办法。对于创新创业教育，曹旭认为应该贯穿于学校教育的全过程。从基础教育阶段开始，就应该注重培养学生的创新思维和实践能力；在高等教育阶段，则应该通过开设创新创业课程、组织实践活动等方式，进一步提升学生的创新创业能力。同时，学校还应该与企业、社会机构等建立紧密的合作关系，为学生提供更多的实践机会和创业资源。此外，为了更好地支持创新创业培养，曹旭还提出了一些具体的建议。例如，学校可以建立创新创业导师制度，邀请具有丰富经验和成功经历的企业家、创业者等担任学生的指导老师。

从以往的研究中，我们知道创新和创业是紧密相连的。Dominigo Ribeiro Soriano等学者认为创业和创新，这两者仿佛是一枚硬币的正反两面，紧密相连，相互依存。在创业的过程中，创新战略的运用、终身学习的态度以及敢于实践的创业精神，都是通向成功的关键要素。

从本质上讲，创业是一个创新的过程。企业家以利润为目标，在有限的环境中进行一系列经济活动。创业可以促进新发明诞生，生产新产品，产生新的服务和需求，从而提高整个国家的创新实力。

（4）创新创业教育

在过去，企业家精神得到了广泛的研究。早期，"创业"一词具有创建新企业的含义，但后来这个词有了更广泛的含义。它可以被视为"视觉、变化和创造的动态过程"（Kuratko）。1989年11月，联合国教科文组织在北京召开的"面向21世纪教育"国际研讨会上首次提出"企业教育"。它强调培养强烈的企业精神和创新意识。有学者认为，与其他学科一样，创业是一门可以学习的学科（Druker）。欧盟委员会2003年将创业教育定义为关于创业的教学活动，涉及发展或提升适合学生年龄和发展的知识、技能、态度和个人素质（Linan）。

不同的学者对创业教育有不同的定义。Fayolle等人将创业教育计划从广义上定义为任何教育计划或创业态度和技能的教育过程，其中涉及培养某些个人素质。Fayole指出，创业教育包括旨在培养创业心态、态度和技能的所有活动，涵盖理念产生、创业、成长和创新等一系列环节。Alberti、Sciascia、Poli将创业教育定义为创业能力的结构化正式传递。Hindle将创业教育定义为如何、由谁以及以何种效果发现、评估、利用和划分创造未来商品和服务的机会的知识转让。与上述定义相比，一个更广泛的概念如下：教育系统内的一整套教育和培训活动，无论是否有在参与者中培养实施创业行为的意图，或影响该意图的一些因素，如创业知识、创业活动的可取性或其可行性（Linan）。本书的研究使用Linan的创业教育定义。

创业教育有不同的类型。Linan确定了几种类型的创业教育，如创业意识教育、创业活力教育和创业者继续教育。Garavan、O'Cinneide已认可这一分类。自2010年以来，对创新与创业的研究相互结合、相互借鉴，创新创业在中国得到了不同角度的认可和分析。

张冰和白桦曾深入探讨了创新创业的内涵，他们认为，在中国这片充满活力和机遇的土地上，创新创业的核心在于培养个体的创新精神、创业意识以及不断提升的创业能力。这些要素共同构成了创新创业的基石，为创业者在市场竞争中立足并持续发展提供了强大的动力。

曹阳同样对创新创业教育给予了高度关注。他指出，创新创业教育的目标是培养学生的创新精神和创业意识，使他们能够在未来的职业生涯中具备创新思维和创业能力，从而适应不断变化的市场需求。

在创新创业的实践中，创业不再仅仅局限于艰苦奋斗、团结协作、顽强拼搏和敢于冒险等传统观念。相反，创新创业更加强调对创新精神的追求和渴望。创新成为创新创业的核心价值，推动着创业者在实践中不断突破传统、探索新领域、创造新价值。

然而，尽管创新创业在现实中得到了广泛关注和实践，但在学术界，对于创新创业的内涵和定义存在不同的观点和争议。一些学者认为，创新创业是多种不同精神的总和，具有独特的内涵和价值，各种精神相互关联、相互影响。而另一些学者则从意识和行为的角度出发，认为创新创业是一种理想信念、能力、心理素质和道德行为的综合体现。

为了正确理解创新创业教育，我们需要深入剖析创新与创业之间的关系。有学者指出，创新创业教育并非创新教育与创业教育的简单叠加。相反，它们之间存在着密切的联系和互动。一方面，创新教育是创业教育的基础。基于创新教育的创业教育明确了其层次是基于创新意识和知识型创业的高层次创业教育，这有助于为创业者提供更加全面和深入的创业教育内容。另一方面，创业教育也为创新教育提供了明确的方向和目标。通过创业教育，创新教育能够更好地发挥其价值，为创业者提供更加实际和有用的知识和技能。此外，创新创业教育也不同于传统的注重提高人才培养质量的教育形式。它更加注重培养学生的创新思维和创业能力，以适应不断变化的市场需求和经济发展形势。通过创新创业教育，学生可以更好地了解市场需求和创业环境，掌握创业的基本知识和技能，提高自己的竞争力和适应能力。

（5）高职院校创新创业教育

高职院校中的创新创业教育是一个复合概念，它涵盖了创新教育、创业教育、素质教育和职业能力教育等多个方面。这种教育理念以创新精神为导向，通过适当的教学方法和形式传授创新创业知识，培养学生的个性和主动性，使他们能够进行从被动求职到主动创业的实践教育活动。在未来的发展中，创新创业教育将继续发挥重要作用，为培养更多具有创新精神和实践能力的高素质人才作出积极贡献。

宁德鹏（2017）发现，不同学校学生的创业动机、创业意识、创业因素认知、创业能力和创业意愿存在显著差异。各个大学都有自己的特点和瓶颈。虽然非"211工程"高校的学生创业动机和创业要素认知能力较强，但其创业意识、创业能力、创业意愿和创业行为力最弱。这表明，高校的创业教育需要因材施教，有必要对不同学校的学生采取差异化的创业教育方法。对于高职院校来说，由于高职院校有其自身的特点，也有必要对高职学生采取差异化的教育方法。一些研究还表明，教育是影响创业意愿的重要因素。例如，李海雷发现，高职学生的创业目标意向和创业执行意向显著高于本科生。邓丽璇检验了创业教育、创业意愿、创业能力和创业行为四个量表的信度和有效性，分析了创业教育对创业行为的影响机制。结果表明，创业教育对创业行为有显著的正向影响，创业意愿在创业教育与创业行为的关系中起中介作用。朱祝（2018）对广州高职院校创新创业教育现状进行了调查。具体而言，朱祝从政府、高职院校、学生自身和社会四个维度出发，考察了高职院校学生对创新创业的概念认识，高职院校创新创业教育课程设置和师资队伍建设。研究发现，高职创新创业教育存在以下问题：创新创业教育政策不健全，管理机制不健全，校园气氛不好。

总体而言，创新创业教育有四个核心：培养学生的创新创业意识、创新创业能力、创新创业精神和创新创业思维。

培养创新创业意识是当今社会的重要任务。在这个飞速发展的时代，人们不仅需要积累个人和社会经验，更需要在这些经验的基础上发起或创造以前从未出现过的事物、对象或想法。这种意图或想法便是创新创业意识，它包含了动机、兴趣、情感和意志等多方面的要素。

创新创业意识是创新创业活动的起点，它通常以一种更为活跃的形式存在。没有创新创业意识，就没有创造性思维，更无法推动社会的进步和发展。因此，我们需要注重培养人们的创新创业意识，激发他们的创造力和创新精神。

在培养创新创业意识的过程中，我们需要关注创新创业能力的培养。创新不仅仅是从零开始创造一种产品或服务，而是在过去的基础上改进原有的产品和方法。企业家的创新创业能力往往体现在技术、管理和营销的创新上。他们通过不断反思和提出问题，寻找解决问题的新方法，从而推动企业的发展和进步。

除了创新创业能力，我们还需要注重创新创业精神的培育。创新创业精神是创新创业活动的核心品质，主要表现为锲而不舍、持之以恒的精神。创新是创业的基础，只有将新思想有效地融入市场，才能创造出具有竞争力的产品或服务。而创业精神则是创业的源泉和动力，它激励着企业家们不断追求更高的目标和更大的成功。

此外，创新创业思维的培养也是至关重要的。创新思维是一种创造性思维，它要求我们能够从不同的角度看待问题，发现新的可能性。这包括换位思维、逆向思维和发散思维等多种思维方式。通过培养这些思维方式，我们可以更好地应对创业过程中的挑战和困难，找到解决问题的新思路和新方法。

（6）创新创业教育的测量

众多学者通过实证研究证实，创新创业教育对个人态度、主观规范和感知行为控制具有显著影响。例如，Kolvereid的研究发现，接受创新创业教育的个体对创业的态度更加积极，对创业行为的认可度更高。Souitaris等人则进一步指出，创新创业教育能够影响个体的主观规范，即个体在决定是否进行创业时会受到周围人的影响，如家人、朋友或导师等。此外，李永强和

Karimi等人的研究也证实，创新创业教育能够提升个体对创业行为的感知控制，使其更加自信地面对创业过程中的挑战。

在测量创新创业教育学习方面，Franke和Luthje提出了一套包含六个项目的量表，包括创业氛围感知、创业课程感知和创业活动支持感知等。这些项目旨在全面评估学生对校园创业教育水平的感知，并通过Likert的五分制进行评分，以量化分析学生在创新创业教育方面的学习情况。

李兴光（2020）则从高校和学生两个维度出发，构建了创新创业教育的综合衡量体系。在高校方面，他关注创新创业教育的基本条件，如创业基地或指导机构的建设、创新氛围的营造以及师资队伍的配备等。这些因素直接影响到创新创业教育的实施效果和学生的参与度。在个人方面，李星光主要衡量学生对创新创业教育知识的掌握程度、技能的提高情况以及兴趣的增加和对商机的理解等。

Franeke、Luthje开发的创新创业教育学习量表得到了学者们的广泛认可，并且比其他研究更科学合理。本书的研究对象是高职学生，因此与Franke、Luthje开发的创新创业教育量表的研究对象有很多重叠。大学生包括高职生，本书的核心问题与Franeke、Luthje的研究相同。因此，本书采用Franke、Luthje开发的创新创业教育量表进行研究。由于本书的研究对象是中国的高等职业院校，受访者主要使用汉语作为交流语言，因此量表将被翻译成汉语。本书将严格按照实证研究的要求，形成创新创业教育学习测量量表。如表2-1所示，该量表包含6个题项。

表2-1　创新创业教育学习测量量表

题项	量表条目	条目来源
IEE1	具有创造性的校园氛围激发了我创业的想法	Franke、Luthje
IEE2	创业课程培养了企业家所需要的社会领导能力	
IEE3	创业课程提供给学生创办新企业需要的知识	
IEE4	大学支持我建立跨学科学生团队	
IEE5	大学积极推进建立新公司的流程	
IEE6	大学提供新企业投资者强大的关系网络	

二、创业意向

近十年来,创业意向研究已经崭露头角,成为创业研究领域的一颗璀璨明珠。越来越多的学者开始关注创业意向的复杂性和多样性,试图从多个角度揭示其影响因素和形成机制。尽管许多学者在过往的研究中,对影响创业意向的个人特征或人口统计学因素进行了深入的探讨,但令人遗憾的是,这些研究的结果并不尽如人意。(Krueger)传统的静态企业家特质理论在解释创业意愿方面显得捉襟见肘,其解释力非常有限。随着时代的发展,越来越多的学者开始关注动态因素在创业意向形成过程中的作用。创新创业教育和学习作为一种重要的动态因素,逐渐受到研究者的青睐。它们不仅能够帮助学生掌握创业知识和技能,还能激发其创业精神和创新意识。在当前"大众创业、万众创新"的背景下,创新创业教育和学习的重要性愈发凸显,它们不仅有助于培养具备创新精神和创业能力的人才,还能推动整个社会的创新和进步。大学生的创业意愿被视为中国创新能力的重要标志。作为国家的未来和希望,大学生拥有充沛的精力、敏锐的洞察力和无限的创造力。他们的创业意愿不仅关乎个人成长和职业发展,更对整个社会的创新能力和经济发展具有深远的影响。因此,如何激发和培养大学生的创业意愿,成为当前教育领域和社会其他界别共同关注的焦点。然而,尽管创新创业教育和学习在理论上对大学生的创业意愿具有促进作用,但实际效果如何还有待进一步探索。

(1)创业意向的定义

Krueger在1993年的研究中明确指出了创业意向的重要性,他强调创业意向是以"创业行为"作为核心目标,是预测创业行为发生的最佳因素。意向,作为一种内在驱动力,是指个体在没有任何外界强迫的情况下自主产生采取行动的愿望和决心。这种愿望和决心对于创业行为的产生和实施具有至关重要的作用。

Bird对意向进行了深入的探讨,将其定义为一种有意识的精神状态,这种状态能够引导个体将注意力聚焦于特定的目标或实现目标的途径上。在创业领域中,创业意向正是这种引导个体关注创业目标,并寻求实现途径的精神状态。它是个体对创业活动的认识和期望，是推动个体投身于创业实践的内在动力。

Katz则从职业决策的角度对创业意向进行了阐述，他认为创业意向是个体在职业选择过程中，对于是选择自主创业或领取薪资的职业的决策过程。这种决策过程体现了个体对创业活动的认知和态度，是创业意向的重要组成部分。

Thompson进一步强调了创业意向的实践性，他认为创业意向不仅是个体对未来创业活动的期望和计划，更是一种有意识的心理状态，表现为个体打算成立新企业并在未来某个时候付诸实践的决心和行动。这种心理状态体现了个体对创业活动的深入理解和积极态度。

Bullough等则从认知角度对创业意向进行了描述，他们认为创业意向是个体的自我认知决策过程，是个体在评估自身能力和资源的基础上，对建立和拥有自己企业的目标和途径进行认知和决策的过程。这种认知决策过程体现了个体对创业活动的深入思考和自我认知。

创业意向在个体成立新企业的决定中起着关键作用（Bird）。它被视为创业行为发生的最佳预测因子（Shapero、Sokol、Bird、Kolvereid、Krueger、Carsrud、Brannback），因为它能够反映个体对创业活动的认知、态度、动机和能力等多方面的信息。巴格兹（Bagozzi）进一步强调了创业意向在创业行为中的先导作用，他认为创业意向是个体实施创业行为的一个先决因素，是个体因素和社会因素指向创业行为的中介变量。

德那百乐（DeNoble）则从内在观念和行为倾向的角度对创业意向进行了定义，他认为创业意向是受测者对于创立新事业的内在观念、喜好程度与行为倾向的综合体现。这种内在观念和行为倾向能够推动个体积极投身于创业实践，实现自己的创业梦想。

Phan将创业意向定义为未来选择自主创业的可能性，这种可能性受到多种因素的影响，包括个体的性格特征、能力素质、所处的社会环境等。卢瑟杰（Luthje）则进一步将创业意向与风险承担倾向、心理控制源以及对自我创业的态度等因素联系起来，认为这些因素共同构成了创业意向的预测因素。

李（Lee）强调了创业意向的实践性，他认为创业意向不仅是个体对未来的期望和计划，更是一种已经付诸实践的行动意愿。这种行动意愿能够推动个体积极寻找创业机会、制定创业计划并付诸实施。

海姆斯戈（Hmieleski）将创业意向聚焦于创办高成长企业的目标上，他认为这种意向能够激发个体追求更高层次的创业成功和成长。道尔顿（Dalton）将创业意向看作对未来特定创业目标的承诺程度，这种承诺程度体现了个体对创业活动的信念和决心。

越来越多的研究开始聚焦于大学生的创业意向，这是因为大学生作为未来社会的重要力量，他们的创业意向和创业行为对于推动社会经济发展具有重要意义。基于前人研究成果，本书认为高职学生创业意向是指高职学生具有创业的打算并且已经计划创业实践的有意识的心理状态。这种心理状态不仅包括对未来创业活动的期望和计划，更导向为实现这些期望和计划所付出的实际行动和努力。高职学生创新创业教育是培养个体创业意识与创新思维的重要途径。通过教授创业知识与技能、提高综合素质与能力，高职学生能够更好地理解创业活动的本质和要求，增强自己的创业能力和信心。同时，创新创业教育还能够激发高职学生的创业热情和动力，使他们更加积极地投身于创业实践中去。因此，对于高职学生而言，培养他们的创业意向和创业能力是非常重要的。学校和社会应该为高职学生提供更多的创业资源和支持，帮助他们实现自己的创业梦想，为社会经济发展作出更大的贡献。

（2）创业意向理论模型

创业意向理论模型是研究创业行为动机的重要工具，其中Theory of Planned Behavior（计划行为理论，TPB）、Theory of the Entrepreneurial Event（创业事件理论，TEE）和Theory of Entrepreneurial Self-efficacy（创业自我效能理论，TESE）是三大核心基础理论。在当前创业意向研究的热潮中，这三种理论受到了学者们的广泛青睐，众多实证研究亦证实它们具有强大的解释力。

①计划行为理论视角。作为被研究得最多且最具影响力的理论，计划行为理论最初由Ajzen于1991年提出，旨在揭示个体如何形成影响其行为的意向。在创业意向研究中，该理论模型展现出了极高的适用性。它强调创业意向受到三个核心因素的影响：主观规范、行为态度和感知行为控制，如图2-1所示。主观规范指的是个体在决策过程中感知到的社会压力，这种压力

来源于重要他人（如家人、朋友等）以及所属群体的期望和信仰。在创业意向的形成过程中，主观规范发挥着至关重要的作用。例如，一个有着强烈创业意向的个体，如果其家人和朋友对此持积极态度，那么他的创业意向可能会得到进一步强化。行为态度则是指个体对特定行为的评价，包括正面和负面的看法。在创业意向的情境中，个体对创业行为的积极评价，如认为创业能够实现自我价值、带来经济收益等，将有助于增强其创业意向。感知行为控制是指个体对自己实施某种行为的能力的信念。在创业意向的背景下，感知行为控制涉及个体对自己创业能力的评估，包括资源获取、市场洞察、团队协作等方面的能力。当个体认为自己具备这些能力时，其创业意向往往会更加明确。

许多实证研究支持了计划行为理论模型在创业意向研究中的应用价值。例如，李永强（2008）在中国大学生群体中进行的调查显示，积极的创业态度、主观规范和行为控制对大学生的创业意向具有显著的正向影响。这表明，在中国文化背景下，计划行为理论模型同样适用于解释大学生创业意向的形成机制。此外，Karimi在伊朗进行的一项研究也验证了计划行为理论模型的有效性。他通过对参加创业教育项目的学生进行问卷调查，发现创业教育项目对学生的主观规范和感知行为控制有积极影响，进而提高了学生的创业意向。这一研究不仅证明了计划行为理论模型在跨文化背景下的适用性，还揭示了创业教育在培养创业意向方面的重要作用。

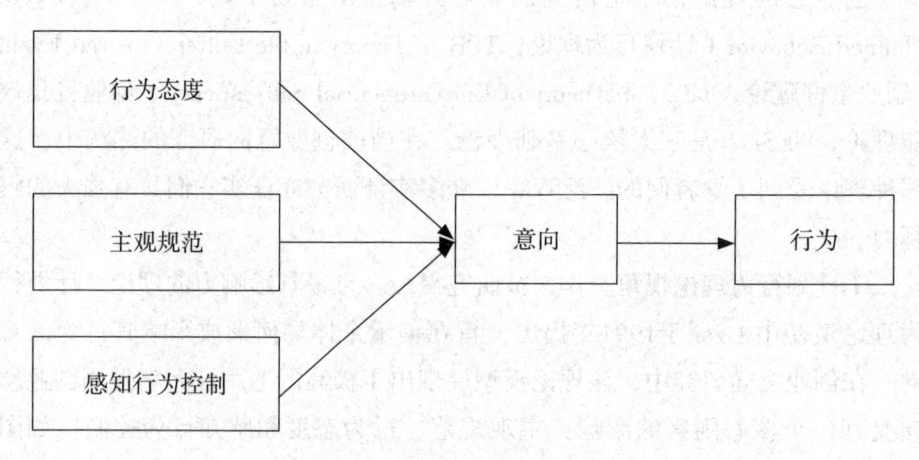

图2-1 Ajzen计划行为理论

②创业事件理论视角。创业事件理论是由Shapero在1982年提出的一个重要理论。该理论为理解个体创业意向的形成和影响因素提供了有力的框架。如图2-2所示，TEE理论强调创办企业的意向主要源于对需求性和可行性的感知，以及对机会的行为倾向。

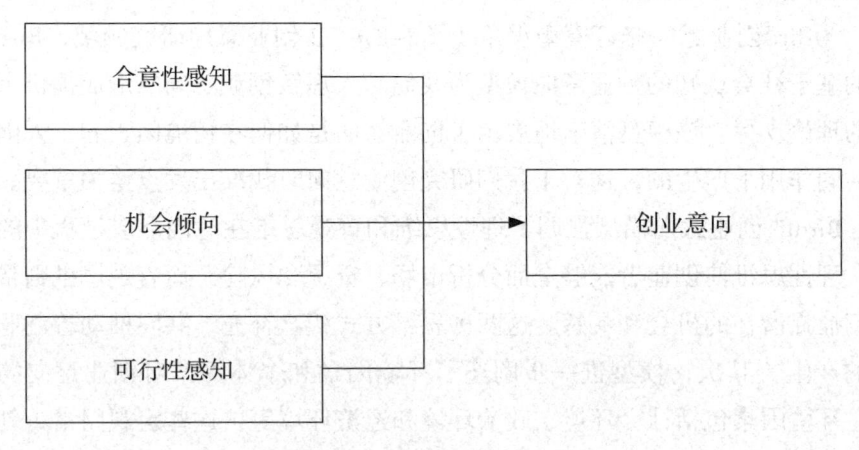

图2-2　Shapero的创业意向模型

Shapero将合意性感知定义为创业对个体的吸引力，它包含了内外部的多种影响因素。内部因素可能包括个人的兴趣、价值观、动机等；外部因素则可能涵盖市场环境、社会支持、创业氛围等。当这些因素共同作用时，个体会感受到创业活动的吸引力，进而产生创业意向。另外，可行性感知是指创业者对自身创业能力的感知强度。这种感知强度在很大程度上受到自我效能（Self-efficacy）的影响。自我效能是指个体对自己在特定情境中能否成功完成某项任务的主观判断。在创业情境中，自我效能的高低直接影响着创业者对自身能力的信心，进而影响其创业意向的强弱。

此外，TEE模型还假定社会惯例在指导人类行为方面发挥着重要作用。然而，当惯例被中断或"被取代"时，个体的行为模式可能会发生变化。对于创业者而言，突发事件（Precipitating Event）往往能够打破原有的社会惯例，为创业者带来新的机会和挑战。如果突发事件给创业者带来了更高的价值，并且创业者感到自己有能力去把握这些机会时，个体的创业意向就会显著增强。

为了验证创业事件理论的适用性，Segal等对美国商学院学生的创业意向进行了实证研究。研究结果表明，自主合意性是决定创业意向的主要因素。这意味着对于商学院学生而言，创业活动的吸引力在很大程度上影响了他们的创业意向。此外，研究还发现其他因素如市场机会、创业资源等也对创业意向产生了一定影响。

③Bird创业意向修订模型视角（图2-3）。在创业意向研究领域，Bird提出的基于社会认知的创业意向模型为我们深入理解创业意向的形成提供了有力的理论支撑。该模型清晰地展示了创业意向是如何在情境因素和个人因素的共同作用下产生的，这对于我们研究创业意向时找准出发点至关重要。首先，Bird的创业意向模型强调了理性思维和直观思维在意向形成过程中的作用。理性思维使创业者能够全面分析市场、资源和风险，而直观思维则帮助他们捕捉潜在的机会和灵感。这两种思维方式相互补充，共同推动着创业意向的产生。其次，模型进一步阐述了环境因素和个体因素对创业意向的影响。环境因素包括社会环境、政治环境和经济环境等，这些宏观因素为创业提供了外部条件和背景。个体因素则涉及个体的成长历程、个人特质和能力等，这些因素决定了创业者是否具备创业的潜质和条件。具体来说，个体因素中的技能、能力和意志力对于创业意向的形成具有决定性的影响。创业者需要具备相关的技能和能力，以应对创业过程中的各种挑战和困难。同时，坚定的意志力也是创业者不可或缺的素质，它能够帮助他们克服创业过程中的挫折和困难，坚持走向成功。而环境因素中的时间限制、任务难度和社会压力等因素则会影响意向和行为之间的关系。在创业过程中，创业者需要在有限的时间内完成各种任务，同时还需要应对来自社会各方面的压力。这些因素都会影响到创业者的行为选择和决策过程，进而影响到创业意向的实现。此外，我们还可以从实证研究的角度来进一步验证Bird的创业意向模型。一些研究通过问卷调查和访谈等方式收集数据，分析创业者的个体因素和环境因素与创业意向之间的关系。这些研究不仅为模型提供了实证支持，还为我们提供了更深入理解创业意向的视角。

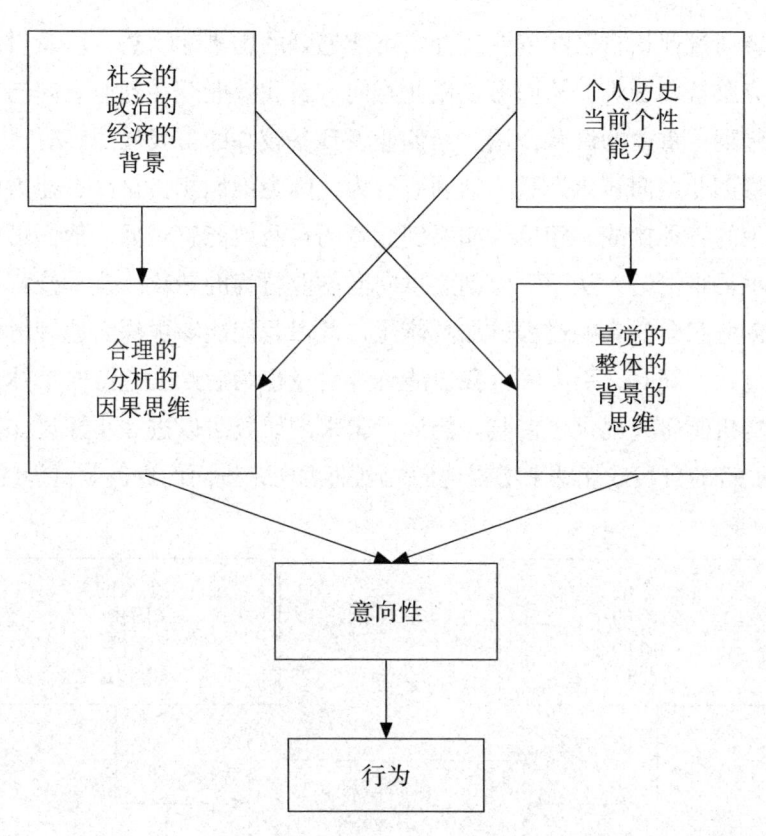

```
        ┌──────────┐              ┌──────────┐
        │ 社会的   │              │ 个人历史 │
        │ 政治的   │              │ 当前个性 │
        │ 经济的   │              │ 能力     │
        │ 背景     │              │          │
        └────┬─────┘              └────┬─────┘
             │         ╲        ╱      │
             │          ╲      ╱       │
             ▼           ╲  ╱          ▼
        ┌──────────┐      ╳        ┌──────────┐
        │ 合理的   │    ╱  ╲       │ 直觉的   │
        │ 分析的   │   ╱    ╲      │ 整体的   │
        │ 因果思维 │              │ 背景的   │
        │          │              │ 思维     │
        └────┬─────┘              └────┬─────┘
             ╲                          ╱
              ╲                        ╱
               ╲                      ╱
                ▼                    ▼
               ┌──────────────┐
               │   意向性     │
               └──────┬───────┘
                      │
                      ▼
               ┌──────────────┐
               │    行为      │
               └──────────────┘
```

图2-3　Bird创业意向修订模型

④Boyd&Vozikis创业意向模型。Boyd和Vozikis在其研究中，将创业自我效能（ESE）这一重要概念引入了Bird创业意向修订模型，从而构建了Biyd&Vozikis创业意向模型（参见图2-4）。这一创新性的举措不仅为我们理解创业意向转化为创业行为这一复杂的认知过程提供了更为清晰的视角，也为后续的创业研究提供了宝贵的理论支撑。创业自我效能作为个体对自己在创业过程中能否成功完成各种任务的主观判断，是创业意向形成和创业行为发生的关键因素。Boyd & Vozikis通过引入这一变量，使得创业意向模型更加贴近实际，更能反映创业者的真实心理过程。在模型中，理性思维和直观思维对创业意向的影响得到了更为具体的阐述。理性思维主要通过态度或观念对创业意向产生影响，这种影响往往是基于对创业环境、市场需求、竞争态势等因素的理性分析。而直观思维则通过自我效能感的中介作用影响创业意向，

即创业者通过评估自己在创业过程中可能遇到的困难和挑战，以及自己是否有能力克服这些困难，从而形成创业意向。自我效能感在创业意向与创业行为之间起到了重要的调节作用。当创业者具备较高的自我效能感时，他们更有可能将创业意向转化为具体的创业行为，因为他们相信自己有能力应对创业过程中的各种挑战。相反，如果创业者的自我效能感较低，他们可能会对创业产生畏难情绪，从而阻碍创业意向向创业行为的转化。这一修订模型使思维对创业意向的影响过程更加具体化，使得我们能够更深入地理解创业者的认知过程。同时，引入的自我效能感等变量也为后期创业意向个体认知层面的影响机制研究提供了借鉴。例如，未来的研究可以进一步探讨如何通过提升创业者的自我效能感来增强他们的创业意向，进而促进创业行为的发生。

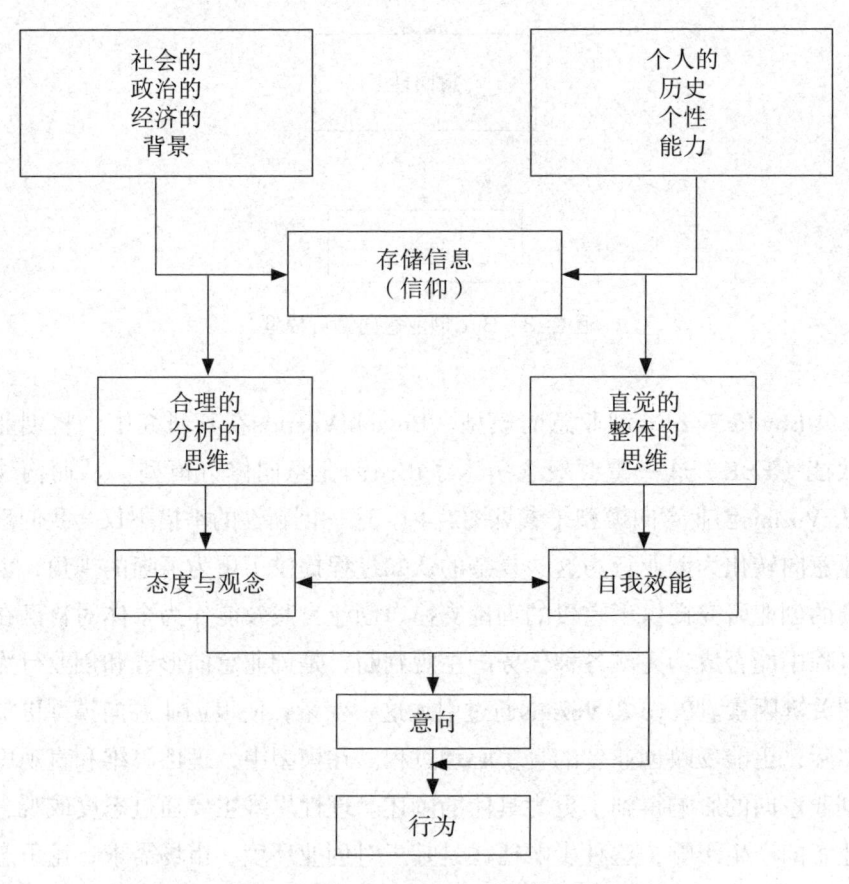

图2-4 Boyd & Vozikis 创业意向模型

综观近年来的学术研究，心理学领域中的行为意向研究成果已逐渐融入创业理论的研究范畴，为创业意向的探讨提供了全新的视角和深度。众多学者纷纷将这一跨学科的研究成果应用于创业意向的分析中，通过深入挖掘行为意向与创业意向之间的内在联系，为高职大学生的创业意向研究奠定了坚实的理论基础。

（3）影响创业意向的因素

决定个体的创业意向是一个复杂而多元的过程，涉及多个层面的因素。在Indarti、Rostiani的研究中，他们深入探讨了创业意向的几个关键决定因素，这些因素不仅涵盖了个人内在的特质，还包括了外部环境的影响。接下来，我们将从性别、年龄、家庭背景、创业经历、社会文化、企业家精神以及其他环境因素等多个方面，对影响创业意向的因素进行深入的分析和阐述。

①性别。大量研究表明，女性在具有创业意向方面普遍低于男性（Chen、Delmar、Davidsson、Gatewood、Zhao）。在中国，一项针对大学生创业意向的调查显示，男性中具有创业意向的比例高达66.8%，而女性则为58.2%，两者相差8.6个百分点（刘建中，2011）。这种性别差异的原因可能在于，女性对自己的能力缺乏信心，从而在选择职业时面临更多的局限性（Bandura）。进一步地，男性通常具有较高的创业自我效能，这使得他们更有可能产生强烈的创业意向（Kolvereid、Moen）。此外，Wilson等的实证研究也发现，性别在创业自我效能和创业意向间起着调节作用。

②年龄。在高职学生的群体中，由于年龄跨度相对较小，年龄对创业意向的影响可能并不显著。这是因为年龄大小对学习新知识和新事物速率高低的影响通常是成反比的，而在高职学生的阶段，这种影响相对较小。因此，在本研究中，我们将不深入讨论年龄对高职生创业意向的影响。

③家庭背景。父母的职业选择和创业经验往往成为子女的榜样和激励。根据社会学习理论，个体的行为在很大程度上受到周围环境的影响，特别是来自家庭和社会的重要人物。许多实证研究表明，如果父母有创业背景，子女的创业意向往往较强（Scott、Twomey、Carr、Sequeira）。Boyd、Vozikis的研究进一步发现，来自雇佣家庭的个体通常具有更高的创业自我效能感，从而更有可能产生创业意向。

④个体的创业经历。前期的创业经历，无论是参与创新创业大赛还是实际的创业项目，都能为个体积累宝贵的创业知识和经验。这些经历不仅有助于提升个体的创业能力，还能激发其对创业的兴趣和热情。Matthews、Moser的研究指出，拥有新创公司工作经历的个体往往具有更高的创业意向。因此，对于高职学生而言，通过参与各种创新创业活动来积累经验和提升能力，对于培养他们的创业意向具有重要意义。

⑤社会文化环境。不同国家和社会拥有不同的创业文化和氛围，这对个体的创业意向产生着深远影响。孙杨的研究对比了中美两国大学生的创业意向，发现美国大学生的创业意向显著高于中国大学生。然而，在中国当前大力推动创新创业教育的背景下，大学生们能够感受到强烈的创业氛围和良好的创业环境，这有助于激发他们的创业意向。同时，社会压力、中国传统文化中的家庭观念等因素也可能对个体的创业意向产生一定影响。

⑥企业家精神。企业家精神作为个体性格特质的重要组成部分，对创业意向的形成具有重要影响。积极主动、外向性、冒险性、创新性以及内部控制性等特质都是企业家精神的重要体现，它们有助于个体在面对创业挑战时保持坚定的决心和信心。由于企业家精神是一种相对稳定的性格特质，它不会在短时间内发生变化，因此，在高职学生的创新创业教育中，应充分重视和培养学生的企业家精神特质，以提升他们的创业意向和创业能力。

⑦其他环境因素。这些环境因素包括政策支持、市场需求、行业发展趋势等。一个良好的创业环境能够为个体提供更多的创业机会和资源，从而激发其创业意向。同时，创业教育作为培养创业意向和创业能力的重要途径，也应在高职教育中得到充分重视和实施。通过提供系统的创业教育课程和实践机会，可以帮助学生更好地了解创业过程和市场环境，提升他们的创业素养和综合能力。

（4）创业意向的测量

在个体创业意向的测量领域，不同的学者和研究团队采用了不同的方法和工具来评估个体的创业倾向。其中，Krueger的和Wilson的研究团队倾向于采用单一题项测量法，即通过一个单独的测量指标来捕捉个体的创业意向。这种方法虽然简洁，但存在一定的局限性。首先，单独的测量指标可能无法全面反映个体创业意向的复杂性和多维性。其次，这种方法的信度也较难得到保证，因为缺乏足够的证据来支持测量结果的稳定性和可靠性。

相比之下，Chen等提出了一种更为全面的测量方法，即采用包含五个题项的单一维度量表来评估创业意向。这些题项包括"我认为我将来会创办企业""我将全力以赴开办自己的企业""开办自己的公司才是我真正的兴趣所在""我对自己经营公司有过系统深入的思考""我对开办自己的公司已经做了充分的准备"。这种量表的设计更能够涵盖个体创业意向的多个方面，从而提高测量的准确性和可靠性。根据Chen等的研究结果，该量表的信度Cronbach's a达到了0.92，显示出良好的信度。

在此基础上，Linan和Chen进一步发展和完善了创业意向的测量工具。他们基于Chen等和Zhao等的相关研究，设计了一个跨文化情境下的六题项创业意向量表。这个量表不仅继承了Chen等量表的优点，还考虑了不同文化背景下的个体差异，使得测量结果更具普遍性和适用性。该量表通过测量个体创业认知对创业意向的作用机制，进一步揭示了创业意向的形成和发展过程。其内部一致性系数为0.953，表明该量表具有非常高的信度。

在国内研究中，李永强选取了Van Gelderen的创业意向量表，并从以往兴趣等五个方面对中国大学生的创业意向进行了测量。胡玲玉等（2014）则采用Chen等编制的五题项创业意向量表，对我国长三角、珠三角以及京津等地区企业员工的创业意向进行了深入研究。这些研究都再次验证了Chen等量表的良好效度和信度。

基于前人对创业意向量表的研究和开发利用，本书借鉴了Linan、Chen设计的创业意向测量量表，并最终确定了包含六个测量题项的创业意向量表（表2-2）。这六个题项旨在全面、深入地评估个体的创业意向，包括个体对创业的认知、态度、动机以及准备情况等方面。同时，本书采用李克特7点记分法来量化个体的回答，以便更准确地分析和比较不同个体的创业意向水平。

表2-2　创业意向量表

题项	量表条目	条目来源
EI1	我准备尽可能成为创业者	Linan、Chen
EI2	我的职业目标是成为创业者	
EI3	我将努力运营自己的企业	
EI4	我决定未来创办自己的企业	
EI5	我非常认真想创办自己的企业	
EI6	我有坚定的意向要在某日创办企业	

三、创业态度

（1）创业态度的定义

创业态度一直是创业问题研究中学者们深入探讨的热点话题。自从Brayfield和Crockett1955年首次在学术界建立了态度与行为之间的联系以来，学者们对创业态度的研究日益丰富和深入。Cialdini和Petty在1981年进一步开展了实证研究，以揭示态度对行为的影响机制。

在相关文献中，我们可以看到许多学者对于创业态度的研究。例如，Stevens、Philipsen和Diederiks在1992年的研究中探讨了创业态度对员工绩效的影响；Bowles在1989年的研究中则关注了创业态度与企业家精神的关系；Goldberg和Kirschenbaum在1988年的研究中深入分析了创业态度对企业创新的影响；Lachman和Nissim在1986年的研究中也提到了创业态度对企业战略选择的重要性。创业态度是指个体对于创业行为所持有的肯定或否定的评价。这种评价不仅涉及对创业本身的认知，还包括对创业所带来的风险、机遇、挑战等方面的看法。创业态度是一个多维度的概念，它包括了个人对创业的认知、情感和行为倾向等多个方面。创业态度的内涵随着社会的进步而不断扩展。在现代社会，创业已经成为一种普遍的社会现象，越来越多的人开始关注创业并参与到创业活动中来。因此，创业态度的内涵也逐渐从单一的认知层面扩展到情感、动机、价值观等多个层面。

Phan在2002年提出了创业态度的分类，将其分为内在动机态度和外在动机态度。内在动机态度主要涉及个人对创业的兴趣、热情、自我实现等方面的追求；而外在动机态度则涉及个人对创业所带来的财富、声望、社会地位等方面的追求。这种分类为我们更好地理解创业态度提供了有力的理论支持。

在中国，学者们对创业态度的研究也取得了显著的成果。黄炳沧在1993年的研究中提出了影响中国人创业态度的价值观因素，包括取得社会地位与权力、积极进取、出人头地等。这些价值观因素在中国文化中占有重要的地位，对于创业态度的形成和发展具有深远的影响。

此外，中国学者还结合国内实际情况对创业态度进行了深入研究。例如，向春和雷家骕在2011年的研究中结合了我国高校大学生的实际，对创业态度进行了进一步的界定和解读。他们认为，大学生创业态度不仅包括对创业本身的兴趣和热情，还包括对创业所带来的个人发展、社会贡献等方面的期望和追求。

综上所述，创业态度是一个复杂而多维度的概念，它涉及个人对创业的认知、情感、动机和价值观等多个方面。随着社会的进步和创业活动的普及，创业态度的内涵也在不断扩展和深化。未来，我们还需要进一步加强对创业态度的研究，以更好地指导创业实践并推动创业领域的发展。

（2）创业态度的影响因素

在现有的文献中，大多数研究者都将创业态度视为一个重要的中介变量，用以探讨影响创业行为的多种因素。本书也遵循这一研究思路，将创业态度作为中介变量进行深入分析。为此，本部分将对研究创业态度的前置变量和后置变量两方面的文献进行分析。

创业态度的前置变量即那些能够影响创业态度的具体因素。在梳理前人研究文献的过程中，我们发现创业教育、心理资本以及政策支持等方面对创业态度具有显著影响。关于创业教育方面，郭洪等（2009）从在校教育经历的角度出发，认为大学生的个性在接受教育的过程中会发生变化，这些变化进而会影响到他们对创业的态度。创业教育通过培养大学生的创新思维、实践能力以及市场洞察力等关键素质,有助于激发大学生的创业热情,提升他们对创业的认知和态度。心理资本也是影响创业态度的重要因素之一。李海翔(2012)从心理资本视角进行研究发现,心理资本对在校大学生的创业态度形成具有显著的正向影响。一般情况下,心理资本评价得分越高的大学生,对创业所持有的态度就会越积极。这是因为心理资本涵盖了自信、乐观、坚韧不拔等积极心理品质,这些品质有助于大学生在面对创业挑战时保持积极的心态和行动。此外,政策支持也是影响创业态度不可忽视的因素。张永宾指出,政府的政策支持对潜在创业者的形势判断具有重要影响。简洁的流程、多样便捷的融资渠道以及有针对性的税收优惠政策等,都有助于增强创业者的自信心和积极态度,提升他们对创业行为的感知控制力。这些政策为创业者提供了良好的创业环境和支持,降低了创业风险和成本,从而激发了他们的创业意愿和态度。

创业态度的后置变量即创业态度如何影响创业行为。根据Levie等人的研究,创业者的态度、感知以及意愿都会对个人的创业行为活动产生影响。王诗桐(2015)进一步指出,当个体对创业精神、冒险精神以及创业独立性的认同越强时,他们在创业活动中所表现出的积极性就会越高。这种积极的态度能够激发创业者的创新精神和冒险精神,推动他们更加积极地投入创业实践中去。此外,创业态度还会通过自我效能感来促进创业行为的产生。张思敏等研究发现,当个体对创业持有积极态度时,他们会逐渐对创业产生信心,对未来解决创业过程中的困难有信心,从而产生较高的自我效能感。这种自我效能感能够激发创业者的行动力,促使他们更加坚定地追求创业目标,并采取积极的行动来实现这些目标。

(3)创业态度的测量

Robinson等人首次利用科学、系统的研究方法,以态度模型作为理论基础,成功开发出了创业态度倾向量表(Entrepreneurial Attitude Orientation,EAO)。这一量表的出现,为我们提供了深入理解创业心理的重要工具。通过EAO量表,我们可以更加准确地把握创业者在创业过程中所展现出的各种态度倾向,从而为他们提供更加精准、有效的指导和支持。在Lindsay等人的研究中,他们运用EAO量表对与创业活动紧密相关的多种态度进行了深入的考察。其中,4个主要的创业态度成为研究的重点:对成就的态度、对创新的态度、对个人控制知觉的态度以及对自尊知觉的态度。这4个态度不仅涵盖了创业者在创业过程中的核心心理特征，还能从认知、情感和行为3个层面进行全面的测量。Per Davidsson提出的创业意向的经济-心理模型，为我们理解创业态度和创业意向形成提供了有力的理论支撑。该模型认为，创业者的经济动机和心理动机共同作用于创业意向的形成。在此基础上，Per Davidsson进一步以企业家为研究对象，深入探讨了创业态度与创业意向之间的关系。冉晓丽对Per Davidsson的量表进行了修订，以更好地适应大学生这一特殊群体的特点。她根据大学生的实际情况，从成就、自主性、创业回报和追求变化4个维度出发，共设计了25个项目，以全面反映大学生的创业态度。这一修订使得量表更加贴近大学生的实际情况，提高了其在实际应用中的针对性和有效性。积极的创业态度是激发创业行为的重要起点。Wu的研究发现，无论学生的教育背景如何，个人态度都是决定其行为意向的关键因素。这一结论不仅强调了态度在创业过程中的重要性，还为我们启示了通过培养积极态度来推动创业行为的思路和方法。Linan和Chen基于前人研究，开发了创业态度量表。李兴光（2020）借鉴该量表对大学生创业态度进行了测量。本书依据高职学生的特性，结合已有研究文献，最终选择Linan和Chen的测量题项，以此形成创业态度量表，该量表包括5个选项，如表2-3所示。

表2-3 创业态度量表

变量	量表条目	条目来源
PA1	成为企业家暗示优势大于劣势	
PA2	创业者职业对我很吸引	
PA3	如果我有机会和资源我想创办企业	Linan、Chen
PA4	成为企业家对我来说很满意	
PA5	在各种选择中，我倾向于成为企业家	

四、主观规范

（1）主观规范的定义

主观规范是个体在面临选择某一特定行为时所感受到的来自其重要参照群体的社会压力（Ajzen）。它不仅仅是外界对个体的简单期望或要求，也是个体对这些期望或要求的主观认知和理解。根据理性行动理论，个体的行为意愿主要由其态度和主观规范共同决定。态度代表了个体对某一行为的评价或好恶，而主观规范则反映了重要他人或群体对个体是否应该采取某种行为的看法。

主观规范的核心在于社会环境因素对个体行为选择的影响。个体在决定是否从事某一特定行为时会综合考虑外界环境对该行为的期望、规范以及由此产生顺从动机。这种顺从动机进一步转化为个体自我规范的压力，促使其行为与社会期望保持一致。

Ajzen对主观规范进行了深入剖析，他认为主观规范是个体在决策过程中感知到的社会压力，这种压力来自于对自己有重要影响的人或群体的意见和期望。在不同的外部环境下，个体对同一事物的主观规范可能存在显著差异。这种影响在中国文化背景下尤为显著，因为中国人普遍重视家庭、朋友和社群的意见，希望融入集体并获得他人的认可。

多位学者在Ajzen观点的基础上对主观规范进行了进一步探讨。Park指出，个体在面临决策时往往会受到重要他人的期望和压力的影响，从而调整自己的态度和选择以符合他人的期望。此外，个体所处的环境以及他人的价值观也会对个体的主观想法和行动产生深远影响（史烽，潘延杰）。周新发和王妲认为，主观规范是个体在作出行为决策时所感受到的来自重要群体的压力，这种压力会作为个体行为的参照标准。

段文婷和江光荣进一步细化了主观规范的概念，将其分为规范信念和顺从动机两个方面。规范信念是指个体所感知到的重要关系人对个体是否采取某种行为的期望，而顺从动机则是个体是否愿意顺从这些期望的动机。这种分类有助于更深入地理解主观规范对个体行为意愿的影响机制。

在创业领域，主观规范同样发挥着重要作用。Krueger的研究表明，主观规范对个体的创业意愿具有显著影响。当个体感受到来自家庭、朋友或其他重要群体的支持和鼓励时，其创业意愿往往更为强烈。Hagger 和 Chatzisarantis将主观规范细化为法制规范和描述性规范两类，进一步丰富了计划行为理论在创业研究中的应用。

对于中国创业者而言，主观规范所带来的社会压力既来自内部也来自外部。内部压力主要来源于家庭，而外部压力则主要来自于朋友、邻居和亲戚等社交圈子（杨智，董学兵）。这些社会压力在一定程度上塑造了个体的创业观念和行为习惯。

尽管一些研究认为主观规范对行为意愿的影响强度相对较弱（Ajzen），但Sheeran 和 Orbell指出这可能是由于过去的研究过于使用社会压力视角而忽视了个人因素。因此，后续的学者在探讨主观规范时开始关注个人因素的作用，如Cialdini将主观规范分为个人规范、示范性规范和指令性规范三类，其中个人规范强调个体的自我约束和道德规范。

综上所述，主观规范在个体行为决策中扮演着重要角色。它反映了社会环境对个体行为选择的影响，同时也体现了个体对重要他人或群体期望的感知和顺从动机。在创业研究中，主观规范更是衡量个体创业意愿的关键因素之一。因此，深入了解主观规范的概念、影响因素及其在不同领域的应用具有重要的理论和实践意义。

（2）主观规范的影响因素

在当前的文献中，主观规范作为一个关键的中介变量和调节变量，被广大学者广泛研究。本书在前人研究的基础上，将主观规范作为中介变量进行深入探讨，并在此基础上对主观规范的影响因素进行更为全面和细致的分析。

在消费者行为学领域，大多数学者对主观规范的影响因素进行了深入研究。例如，郭国庆、张中科等学者在研究口味传播与消费者转换品牌的意愿之间的关系时，发现主观规范在这一过程中起到了显著的中介作用。他们指出，当消费者感受到周围人对某种品牌或口味的正面评价时，这种社会压力会促使他们产生转换品牌的意愿。

薛永基、白雪珊、胡煜晗等学者则通过问卷调查的方式探究了口碑传播对消费者绿色购买意愿的影响。他们以479名大学生为样本，收集并分析了相关数据。研究结果表明，口碑传播各变量对主观规范具有正向预测作用。也就是说，当消费者得知关于绿色产品的积极口碑时，他们更有可能受到这种社会压力的影响，从而产生购买绿色产品的意愿。

在消费者行为学领域外，还有较多学者对主观规范与创业意愿之间的关系进行了研究。然而，这一领域的研究结果并不完全一致，存在一定的分歧。一些学者认为主观规范对创业意愿的影响显著，而另一些学者则持相反观点。

例如，国外学者Ajzen在其研究中指出，主观规范与创业意愿之间的关系并不显著，这主要受到个人独立性格特征的影响。然而，Krueger和Kolvereid的研究却得出了不同的结论。他们认为主观规范对创业意愿的解释程度较高，即个体在决定是否创业时很大程度会受到周围人看法和评价的影响。

Gelderen等学者在综合了计划行为理论的三个变量（行为态度、主观规范和感知行为控制）的基础上进行了深入研究。他们发现，大学生主观规范与创业意愿之间呈显著正相关关系。这意味着大学生在决定是否创业时会更多地考虑家人、朋友等的看法和评价。

目前中国针对主观规范与创业意愿之间关系的研究还相对较少，一些学者对此进行了深入探讨。李永强在其研究中指出，中国大学生的主观规范对创业意愿的影响效用大于国外学生。他认为这可能是文化背景差异造成的民族性格特征不同所致。相比之下，莫寰的研究则表明，在中国文化背景下，个人的主观规范与创业意愿之间的关系并不显著。

然而，也有学者持不同观点。王满四和李楚英的研究表明，主观规范是影响创业意愿的第二重要因素。他们认为，对于大学生而言，家人、亲戚和朋友的支持是创业成功的重要保证因素。这种支持不仅体现在物质上，更体现在精神上的鼓励和支持。

综上所述，主观规范作为一个重要的中介变量和调节变量，在多个领域中都发挥着重要作用。通过对主观规范影响因素的深入分析，我们可以更好地理解个体在特定情境下的行为决策过程，并为相关领域的实践提供有益的参考和启示。

（3）主观规范的测量

主观规范（Subjective Norm）是个体在行为决策过程中所感受到的社会压力。Linan和Chen认为，主观规范代表了影响意向形成过程中对外部刺激的初始心理过滤，主观规范对理解创业意愿十分重要。Kolvereid和Schlaegel、Koenig研究表明，主观规范对个体创业意向具有较强的预测能力。Boissin、Veronique、Sandrine认为主观规范对个体创业意向影响非常弱。

主观规范，作为个体在行为决策过程中体验到的社会压力，是创业意向形成过程中的一个关键因素。Linan和Chen在他们的研究中明确指出，主观规范不仅反映了外界环境对个体意向形成的初始心理过滤作用，而且对我们深入理解创业意愿的形成机制至关重要。换句话说，主观规范在创业意向的形成过程中扮演着举足轻重的角色，它是个体在决定是否创业时所感受到的来自社会各方面的期望和压力。

众多学者对主观规范与创业意向之间的关系进行了深入研究。Kolvereid和Schlaegel与Koenig通过实证研究，发现主观规范对个体的创业意向具有显著的预测作用。这意味着，当个体感受到来自社会各方面的支持和期望时，他们更有可能产生创业的想法和行动。然而，Boissin、Veronique、Sandrine的研究却提出了不同的观点，他们认为在某些情境下，主观规范对个体创业意向的影响可能并不显著。这种差异可能是研究样本、研究方法或研究背景的不同所导致的。

为了更全面地了解主观规范在中国情境下对高职学生创业意向的影响，本研究保留了这一变量，并采用了Autio等研究中的量表进行测量。该量表从四个方面（老师、同学、朋友、家人）对大学生开展创业活动进行评价，通过李克特7级量表的方式，对高职学生的主观规范进行量化评估。这种量表设计既考虑到了主观规范的多维度性，又能够直观地反映出个体在不同社会角色和关系中所感受到的压力和期望，如表2-4所示。

表2-4 主观规范量表

变量	量表条目	条目来源
SN1	如果我决定创业，我的家人支持我的决定	Autio等
SN2	如果我决定创业，我的朋友支持我的决定	
SN3	如果我创业，我的同事支持我创业	
SN4	如果我成为企业家，其他人支持我的决定	

五、感知行为控制

（1）感知行为控制的定义

感知行为控制（Perceived Behavior Control，PBC），作为个体在执行某种行为时对难易程度的主观感知，是心理学和行为学领域的一个重要概念（Ajzen）。这一概念反映了个人对情景的感知能力，以及对行为预期的感知能力。通常，个体会选择那些他们认为能够控制和掌握的行为，从而确保行为的顺利进行。

Ajzen在1987年提出，感知行为控制是个体对是否有能力执行某行为的评价。这与Bandura在1986年提出的"自我效能感"（Self-efficacy）概念存在相似之处。自我效能感指的是个体对自己在特定情境下，是否有能力完成某一任务的信念。部分学者在研究中将感知行为控制等同于自我效能感，认为两者都关注个体对自身能力的评估和信心。

然而，也有学者对感知行为控制进行了更为细致的划分。例如，Terry、O'Leary、Conner、Armitage、Sheeran、Orbell等研究将感知行为控制分为两个维度：自我效能和控制力。自我效能主要关注个体对自己是否有能力完成行为的信心，而控制力则侧重于个体对完成行为所需资源的控制程度。这两个维度共同构成了感知行为控制的完整内涵。

在国内，段文婷和江光荣也对感知行为控制进行了深入研究。他们认为，感知行为控制可以进一步细分为控制信念和知觉强度。控制信念指的是个体知觉到的可能促进或阻碍执行行为的因素，包括个人的能力、技能、资源以及外部环境等。而知觉强度则是个体对这些因素对行为影响程度的感知，它反映了个体对行为成功或失败可能性的主观判断。

此外，还有学者指出，感知行为控制受到两方面的影响。一方面，个体相信其具备执行某项行为的自我效能；另一方面，个体对之前行为所施加控制的感知也会影响其感知行为控制。这两方面共同作用于个体的感知行为控制，进而影响其行为选择和执行。

在创业领域，感知行为控制同样发挥着重要作用。企业家需要具备足够的感知行为控制，才能成功应对创业过程中的各种挑战和困难。例如，Krueger等人指出，感知行为控制是创业意图的重要组成部分。只有当企业家感知到执行创业任务的可行性达到一定的阈值水平时，他们才会将创业作为一个可行的选择。此外，Boy、Vozikis将感知行为控制作为决定企业家意图强度的重要解释变量，而Mohammed等则在实证研究中证实，预测企业家意图时，感知行为控制是比行为态度、主观规范预测更强有力的预测因素。

综上所述，感知行为控制是个体在执行行为时对自身能力和外部环境的感知和评价。它不仅影响着个体的行为选择和执行，还在创业等领域发挥着重要作用。通过深入研究感知行为控制的内涵和影响因素，我们可以更好地理解个体的行为决策过程，并为提高个体和组织的行为效能提供有益的指导。

（2）感知行为控制与自我效能

感知行为控制与自我效能是两个在心理学领域被广泛讨论的概念，它们都与个体对完成特定任务的信念和能力感知紧密相关。尤其是在企业创建的情境中，这两个概念更是扮演了举足轻重的角色。感知行为控制不仅关注个体对自身能力的认知，更涉及对行为可控性的整体评估，这种评估在计划行为理论模型中显得尤为重要。

在Ajzen的理论框架中，感知行为控制被赋予了更丰富的内涵。它不仅仅是对自身能力的简单判断，更是对在特定环境下，个体能否有效实施某种行为的全面评估。这种评估涉及对资源、机会、障碍等外部因素的认知，以及对自身能力、技能和策略的评估。因此，感知行为控制可以理解为个体对行为实施过程中可控因素的感知和把握。

自我效能是个体对自己能否成功完成某一特定任务的主观判断。这种判断基于个体过去的经验、他人的评价以及当前的情绪状态等多种因素。自我效能高的个体往往更加自信，更有可能采取积极的行动去追求目标。在创业领域，自我效能高的个体往往更能发现并利用创业机会，这对自雇佣和创业意愿的产生起着至关重要的作用（Scherer）。

感知行为控制与自我效能的作用是相辅相成的。一方面，感知行为控制可以作为自我效能的一个重要来源，因为当个体认为自己能够控制行为的实施过程时，他的自我效能感也会相应提升。另一方面，自我效能又会影响个体的感知行为控制，因为自我效能感高的个体更有可能相信自己能够克服障碍，成功实施创业行为。

在创业意愿的形成过程中，感知行为控制发挥着至关重要的作用。它不仅影响个体对创业机会的认知和风险承担能力，还通过影响个体的自我效能感来间接影响创业意愿。相关研究表明，感知行为控制可以正向影响创业意愿，甚至在计划行为理论的三个预测变量中具有最强的预测能力（Krueger）。

学术界对感知行为控制与创业意愿的关系进行了大量的实证研究。国内学者如李国锋、孙雨洁等人提出了提升创业意愿的关键在于提高创业行为控制知觉的观点。他们认为，只有当个体认为自己能够控制创业行为的实施过程时，他们才会更加积极地投入创业活动中去。李永道、林琳等人的研究也表明，创业者是否具备感知行为控制能力是创业能否成功的关键因素之一。

此外，Krueger和Dickson等人的研究进一步证实了机会认知、风险承担以及职业选择等关键因素都会受到自我效能的影响。这些因素不仅直接影响创业意愿的形成，还通过影响个体的感知行为控制来间接影响创业意愿。因此，提升个体的感知行为控制能力和自我效能感对于激发创业意愿、推动创业活动的发展具有重要意义。

综上所述，感知行为控制与自我效能作为两个相互关联的概念，在创业意愿的形成过程中发挥着不可或缺的作用。通过深入理解这两个概念的内涵和关系，我们可以更好地把握创业活动的特点和规律，为创业教育和创业实践提供有力的理论支持和实践指导。

（3）感知行为控制的测量

为了量化研究感知行为控制，研究者们开发了一系列的测量工具。其中，Linan、Chen开发的感知行为控制量表是一个具有代表性的工具。该量表通过一系列的问题来评估个体对执行某一行为的感知行为控制水平。这些问题涵盖技能、资源、机会和前提条件等多个方面，能够全面反映个体的感知情况。

李兴光等学者在研究中借鉴了该量表，并采用李克特5级量表进行变量测量。这种测量方法使得研究者能够更准确地了解个体在感知行为控制方面的差异，从而进一步分析这些差异对行为意向和实际行为的影响。

本书也借鉴了感知行为控制量表，并采用李克特7级量表进行测量。通过更细致的评分等级，我们能够更精确地捕捉个体在感知行为控制方面的细微差异。量表题项涵盖了技能、资源、机会和前提条件等多个方面，旨在全面了解个体在特定情境下执行某一行为的感知情况，量表题项如表2-5所示。

表2-5 感知行为控制量表

变量	量表条目	条目来源
PBC1	创办企业并运行之对我来说容易	Linan、Chen
PBC2	我准备创办一个可行的企业	
PBC3	我能控制新企业的创造过程	
PBC4	我知道创办企业所需要的实践细节	
PBC5	我知道如何推进一项创业项目	
PBC6	如果我创办企业，我有很大概率会成功	

六、创业制度环境

（1）制度环境的定义

关于制度的概念和定义，学界存在两种主要的观点。其一，North于

1990年提出，制度乃是人类自我创设的，用以约束相互交往行为的一系列规则。这些规则既包括法律、规定等具有明确条文和强制执行力的正式制度，也涵盖习俗、传统和习惯等虽无明文规定但深入人心、影响深远的非正式制度。其二，Scott在1995年指出，制度是指那些为社会行为提供支撑和导向的认知、规范和规制的结构与行动模式。这些制度主要由规制、规范以及认知三大支柱构成，共同构成了社会行为的基础和框架。Lim等提供了创业制度环境的广义定义。它包括宏观层面的社会环境因素，如政策、监管和文化等组成部分，可以扩大或限制已确定的创业机会的范围。Manolova及其同事在一项主要研究中声称，社会法规、态度和制度环境的少数其他组成部分会影响个人选择资源的决定。本书采纳Scott的定义，其原因在于该框架细化了制度来源及其约束机制，并已被创业领域研究者广泛采用。根据Scott的说法，制度环境是"随着时间的推移而建立、在该国运作并通过个人传播到组织中的所有相关机构的集合"基于当前国内外相关研究的最新成果，本书将从规制、规范及认知三个维度出发，对制度环境进行全面而细致的界定，并对各维度的核心概念进行深入剖析和详细阐述。通过这一研究，我们期望能够进一步揭示创业制度环境对创业意向的影响机制，为创业活动的顺利开展提供有益的参考和启示。

①规制维度。在本书中特指那些影响企业生产经营活动的法律、法规、规定以及政府政策等，它们对企业的行为起到促进与限制的作用，从而对创业活动产生深远影响。企业在日常运营过程中，必须严格遵守相关的规章制度，以确保其行为的合法性和合规性，进而获取企业生存所必需的合法性基础。规制作为一种"游戏规则"，必然会对企业行为设定一定的边界和限制，任何违反规制的行为都将受到相应的制裁，这是保障市场公平竞争和维护经济秩序的必要手段。在创业的情况下，这些可以是政府提出的关于创业活动的法规和政策。中国目前的政策鼓励个人通过降低公司注册费，在某些情况下降低公司税款，提供非常有吸引力的贷款来创业，这反过来又为潜在的企业家提供了更好的资源，并使之降低了风险。当一个潜在的企业家认识到政府出台的法律和法规可能会提供帮助时，他将更倾向于创业。

②规范维度。"规范性，是指社会共享的、由个人执行的关于人性和人类行为的社会规范、价值观、信仰和假设"（Kostova）。在创业的情况下，

规范维度可以定义为特定地区的人们对创业活动和个体经营者的普遍看法。从中生发的愿景是由社会、文化和意识形态创造的，并能对创业行为产生重大影响（Busenitz、Gomez、Spencer、Manolova、Eunni、Gyoshev）。如果该地区的人们喜欢创业活动，并且普遍对此有积极的评价，那么当地的创业活动就会增加。当该地区的人们认为创业活动是用不正当的社会追求以赚取暴利时，创业的活动就会减少。

③认知维度。本书所定义的认知维度是指集体或个体针对外部真实世界所形成的一种内在理解与阐释。此维度作为一种不证自明、自然而然的心理活动，紧密关联于个体的知识、技能及信息获取过程。认知维度本质上是一种内在的理解过程，它基于此种理解与阐释，进而接纳并构建相应的描述、比喻、象征或符号系统。在创业的背景下，认知维度可以定义为区域层面上大多数人对创业行为的认识和技术。正如Busenitz等所说，如果一个国家有更多的人了解并熟练从事与创业相关的活动，未来企业主的环境将大大改善。一些研究人员还讨论了制度化知识的概念，该概念通常被定义为拥有或为大多数人所共有的特定知识。随着潜在企业家获得关于潜在创业机会的重要信息、关于潜在企业成功的信息，他们对商业活动的兴趣也会增加。

（2）制度环境的测量

关于制度环境与创业之间关系的研究，尽管近年来逐渐受到学术界的关注，但相较于其他领域的研究，其深度和广度仍显不足。在此背景下，学者Kostova从制度环境的三个维度——规制、规范及认知，提出了"国家制度框架"（country institutional profile）的概念，为深入探讨两者之间的关系提供了理论支撑。规制维度主要关注的是国家法律法规、政策规定等硬性约束，它们对创业活动的影响是显而易见的。规范维度则涉及社会价值观、道德标准等软性约束，它们虽然不像规制那样具有强制性，但同样对创业者的行为和决策产生深远影响。认知维度则更侧重于人们对制度环境的认知和解读，它影响着创业者的思维方式和行为模式。为了验证三维度模型量表的适用性，Busenitz、Spencer和Gomez以美国西南部一所商学院的学生为对象，针对来自六个不同国家的学生进行了深入调研。他们的研究结果表明，三维度模型量表在不同国家间具有一定的普适性，但也测量出一定的文化差异。这一研究为后续的制度环境与创业关系研究提供了重要的参考。同时，学者

Manolova等也对量表在新兴经济体如东欧等国家的有效性进行了验证。他们发现，尽管这些国家的制度环境与发达国家存在显著差异，但三维度模型量表仍能在一定程度上反映其制度环境的特征。这一研究进一步拓展了三维度模型的应用范围。在国内，学者蒋春燕也针对制度环境与创业的关系进行了深入研究。她通过问卷调查的方式，收集了北京、上海、苏州等15个国家高新技术开发区内471家企业的数据，对Busenitz等和Manolova等的创业制度环境量表在转型经济体中国的有效性进行了检验。研究结果表明，这一量表在中国同样具有一定的适用性，但也需要根据中国的实际情况进行一定的调整和完善。此外，蒋春燕还进一步比较了15个区在总体制度环境以及规制、认知和规范维度上的差异。她发现，不同区在制度环境方面存在显著的差异，这些差异对创业活动的影响也不尽相同。因此，在制定创业政策和措施时，需要充分考虑不同地区的制度环境特点，因地制宜地制定相应的策略。除了对制度环境的研究外，还有一些学者主要关注任务性环境对创业的影响。他们认为，创业者在面对不同任务时，会受到不同环境因素的影响。然而，相较于对制度环境的研究，对任务性环境的研究仍显不足，需要进一步加强。

林思将国家制度框架量表应用于中国语境。从战略创业的角度观察北京农村农民的创业意愿。在研究中，制度环境是创业意愿的先行因素。研究结果表明，制度环境对中国农民创业意愿的影响是显著的。中国学者吴敬琏表明发展中国家高新技术企业重技术，总体上容易忽视转型经济条件下制度环境对公司创业的影响。本书根据中国创新创业研究的特性，结合已有研究文献，最终选择使用Busenitz等、Manolova等的国家制度框架量表（country institutional profile scale）。该量表包括13个题项，如表2-6所示。

表2-6 国家制度框架量表

变量	量表条目	条目来源
CIP1	中国政府组织支持个人创办自己的企业	Busenitz等、Manolova等
CIP2	政府搁置新企业和小企业的政府合同	
CIP3	当地和国家政府对想要创办企业的个人有特殊支持	
CIP4	政府赞助创办新企业的组织	

续表

变量	量表条目	条目来源
CIP5	即使早期创业失败，政府还是会支持创业者创办企业	Busenitz等、Manolova等
CIP6	个人知道如何合法地保护新企业	
CIP7	创办新企业的人员知道如何应对风险	
CIP8	创办新企业的人员知道如何管理风险	
CIP9	多数人知道在哪找到有关产品市场的信息	
CIP10	将新的想法变成企业在这个国家被认为是值得尊敬的事业	
CIP11	在这个国家，创新性和创造性思维被看作是新的成功的路径	
CIP12	企业家在这个国家被尊敬	
CIP13	在这个国家的人员十分尊敬那些创业者	

七、创业文化

（1）创业文化的定义

在英语中，"文化"即Culture一词源于拉丁语的cultura，原意指的是耕种和培育农作物，如衍生的agriculture、horticulture等。然而，随着历史的发展，文化的内涵逐渐丰富和深化。在古希腊罗马时代，culture开始被赋予"人参与社会文化的活动"的含义。到了18世纪，culture进一步拓展为指训练和修炼心智、情趣、思想的结果和状态，包括良好的文学、艺术、风度和科学等方面。到了19世纪后期，culture的概念变得更为复杂，涵盖了人类知识、精神和美学发展等多个方面。此后，culture逐渐取得了现代意义，不仅包括了宗教、科学、工艺、艺术、习俗、技巧等元素，还涉及培养教育、修养等深层次含义。在社会科学领域，文化既是最容易理解的概念，也是最难以精确解释的概念。学者们对文化的看法多种多样，既有广义和狭义之分，也有物质和精神的区别。尽管很多学者承认文化中既包含物质成分，也包含精神和行为成分，但抽象的划分并不利于对心理学的实际问题作出解释。因此，心理学对文化的界定往往先以地区为区分，如中国文化、印度文化等，将国家文化视为一种同质体。然而，文化间的交流使得文化呈现出异质性和多元化的特点。在全球化的大背景下，国外与本土文化相互渗透，东西方文化相互交融，形成了丰富多样的文化形态。

关于文化存在于人的外部还是内部的问题，认知心理学倾向于将文化置于个体头脑之中。认为文化是个体的态度、思维方式等心理因素的体现，这些因素会影响到个体的心理行为方式。在有关文化的研究中，多数学者倾向于认为文化存在于人的内部，并根据霍夫斯泰德的文化理论展开研究。霍夫斯泰德的文化理论自20世纪80年代起不断完善和发展，其理论框架在学术界产生了重要影响，成为具有主导性的文化理论之一。在文化与创业关系的研究中，大多数研究者采用了霍夫斯泰德的文化理论作为分析工具。同时，文化对创业意向的影响也逐渐引起了研究者的关注。不同国家之间研究结果的差异使得学者们开始意识到文化可能是影响创业意向的一个重要因素。Linan等的研究发现，文化因素在创业意向的形成过程中起到了关键作用。不同文化背景下的个体对创业的认知和态度存在差异，这些差异会影响他们的创业意向和行动。全球创业观察（Global Entrepreneurship Monitor，GEM）作为一个重要的研究机构，在考察影响创业的环境因素时，对创业文化进行了界定。他们认为，创业文化是一种鼓励社会成员独立、自主、创新、冒险和个人奋斗的文化氛围。在这种文化氛围下，个体更容易形成和采取积极的创业态度和行动，从而推动创业活动的发展。对个体而言，个体感知的创业文化对创业意向的形成具有重要影响。当个体感知到的创业文化更加鼓励创新、冒险和创业时，他们相对于感知的创业文化水平较低的个体，就会更倾向于将创业看作是值得去做的事情，从而持有更高的创业意向。这种感知的创业文化不仅影响个体的创业态度，还会进一步影响他们的创业行为和结果。

因此，在探讨创业文化的定义和影响时，我们需要深入理解文化的内涵和特征，结合具体的实证研究来揭示文化与创业之间的关系。同时，我们还需要关注不同文化背景下的创业现象和差异，以便更好地推动创业活动的发展。

（2）创业文化的测量。

根据学者霍夫斯泰德的文化理论，文化是一个多层次、多维度的概念，包括符号、英雄、仪式和价值观四个核心内容。这四个方面就像洋葱的层层皮，各自处于不同的层次上，共同构成了丰富多彩的文化。符号作为文化的最外层，是传递信息和表达意义的重要工具。它们包括词汇、手势、图画或物体等，每一种符号都承载着某种特定的含义，而这些含义只有这种文化的共享者们才能理解。符号是文化交流的桥梁，是不同文化之间沟通的关键。通过符号，人们可以传达思想、表达情感、分享经验，进而构建和维系文化共同体。英雄则位于文化的第二层，他们代表着某一文化的理想品格和价值取向。这些英雄既可以是历史上的真实人物，也可以是虚构的文学形象，他们都具有某种值得赞扬的品质或精神。英雄的存在不仅为文化提供了榜样和典范，更在潜移默化中影响着人们的思维方式和行为模式。通过崇尚和模仿英雄，人们能够传承和弘扬文化的核心价值观。仪式作为文化的第三层，是社会中具有重要意义的集体活动。它们可以是宗教仪式、庆典活动、节日庆祝等，都承载着文化的精神内涵和社会功能。仪式不仅是文化传承和传播的重要方式，更是人们共同体验、共同记忆的重要载体。通过参与仪式，人们能够增强对文化的认同感和归属感，进而促进文化的传承和发展。价值观则是文化的核心层，是一种普遍性的倾向，表现为人们更喜欢事物的某些特定状态而非其他状态。价值观是文化中最稳定、最持久的部分，它决定了人们的思维方式、行为模式和价值判断。不同的文化有着不同的价值观体系，这些价值观体系影响着人们的日常生活和社会发展。前三层——符号、英雄和仪式——都是可以被观察到的，并且容易受到外界因素的影响而发生变化。然而，价值观作为文化的核心层，相对较为稳定，变化速度较慢。这也使得对文化进行比较研究时，对价值观的测量显得尤为重要。霍夫斯泰德在其大量研究的基础上，对价值观使用七个维度，这七个维度分别是权力距离（power distance）、个体主义（individualism）、男性化（masculinity）、不确定性避免（uncertainty avoidance）、长远取向（long-term orientation）、宽容（indulgence）、碑铭主义（monumentalism）。霍夫斯泰德开发的文化测量工具可以帮助研究者从七个维度对文化展开测量，这些维度为研究者提供了分析和比较不同文化的有力工具，进而深入探究文化对个体和社会的影响。

经过迁移运用，学者们逐渐揭开了文化各维度与创业之间复杂关系的神秘面纱。在Shane的开创性研究中，他不仅对个体主义、权力距离与国家创新率之间的相互作用进行了深入剖析，还通过大量的实证数据揭示了此种作用的内在逻辑。研究表明，个体主义倾向较强的国家往往拥有更高的国家创新率，这是因为个体主义文化鼓励个人创新、独立思考和敢于冒险，从而促进了科技创新和创业活动的蓬勃发展。与此同时，权力距离的大小也对国家创新率产生了显著影响。权力距离较大的社会往往等级森严，个体在追求创新和创业时面临较大的社会压力和阻力，从而抑制了创新活动的发生。相反，权力距离较小的社会则更加注重平等和民主，为个体提供了更多的创业机会和空间。除了探讨文化因素对国家创新率的影响外，还有研究关注了文化因素对新公司成立率的影响。Davidsson、Wikund在其研究中指出，在鼓励自主、追求成就及注重自我效能感的文化环境中，人们更倾向于自主创业，因此新公司的成立率往往更高。这种文化环境不仅为创业者提供了良好的社会氛围，还激发了他们的创业热情和信心。Mueller、Thomas的研究则进一步揭示了创业特质与文化因素之间的关系。他们发现，内控性和创新性等创业特质与个体主义之间存在积极的关联，而与不确定性避免则呈现出消极的联系。这表明，在个体主义的文化背景下，人们更倾向于展现出内控性和创新性等创业特质，而在不确定性避免的文化背景下，人们则可能更加谨慎和保守，缺乏创业所需的冒险精神和创新精神。

尽管已有诸多研究探讨了文化与创业之间的关系，但关于文化与创业意向关系的实证研究仍然相对较少。Perks、Bouncken、Imcharoen针对德国大学生的研究发现，个体主义和不确定性避免的视角能够显著并积极地预测其创业意向。这为我们理解文化如何影响个体的创业决策提供了有益的启示。此外，缪仁炳（2004）的研究则从另一角度探讨了文化因素与创业倾向之间的关系。他发现，男性化和权力距离等文化因素能够对创业倾向产生负向预测作用。这表明，在某些文化背景下，人们可能由于性别角色认知和社会等级观念的限制而缺乏创业的动力和机会。在全球创业观察GEM和经合组织（OECD）提出的创业促进理论模型中，文化因素被视为影响创业活动的重要因素之一。这些模型强调了文化在塑造创业环境、激发创业精神以及推动创业活动发展方面的重要作用。李海垒（2012）运用霍夫斯泰德的价值观调查问卷，对七个价值观维度进行了测量，并得出了关于中国创业意向的结论。他发现，在中国，创业意向的整体水平相对较低；同时，不确定性避免对创业目标意向具有显著的负向预测作用。这为我们理解中国文化背景下创业活动的特点和挑战提供了重要的参考。本研究在参考文化价值观测量工具的基础上对全球创业观察专家调查问卷（Levie、Autio）中测量创业文化的题目进行了修订，以期更准确地探讨文化与创业之间的关系。通过修订后的量表（表2-7），我们希望能够更深入地了解不同文化背景下人们的创业意向、创业特质以及创业活动的特点，为推动全球创业活动的发展提供有益的启示和建议。

表2-7　创业文化量表

变量	量表条目	条目来源
EC1	在中国，国家文化高度支持通过个人努力获得的成功	Levie、Autio
EC2	在中国，国家文化强调个人满足、自制力和个人创意	
EC3	在中国，国家文化鼓励企业冒风险	
EC4	在中国，国家文化鼓励创新性和创意	
EC5	在中国，国家文化强调在管理自我生活中的个人而非集体责任	

八、高职院校创新创业教育研究现状与样本数据收集

（1）高职院校创新创业教育研究现状

高职院校作为培养技术技能人才的重要基地，无疑是开展创新创业教育的关键主体。近年来，学者们对高职院校创业论题的研究日趋深入，主要聚焦于创业意愿、职业核心素养、创新创业教育的现状、问题原因及对策等方

面。这些研究不仅为我们揭示了高职院校在创新创业教育中的重要作用，也为进一步推动高职院校的创新创业教育改革提供了宝贵的理论支持和实践指导。首先，关于创业意愿的研究，学者们普遍认为高职院校的创新创业教育对于激发学生的创业热情、培养创业精神具有重要意义。张红等（2019）通过实证研究发现，接受过系统创新创业教育的学生，其创业意愿明显高于未接受过相关教育的学生。这表明，高职院校通过开设创业教育课程、举办创业竞赛等活动，能够有效提升学生的创业意愿和创业能力。其次，职业核心素养的培养也是高职院校创新创业教育的重要内容。刘鹤年等（2020）指出，职业核心素养包括创新思维、团队协作能力、市场敏锐度等多个方面，这些素养的培养对于提高学生的创业成功率至关重要。高职院校通过实施创新创业教育改革，可以帮助学生更好地掌握这些核心素养，为未来的创业之路奠定坚实基础。此外，学者们还对高职院校创新创业教育的现状、问题原因及对策进行了深入研究。李笑等（2020）发现，尽管高职院校在创新创业教育方面取得了一定的成果，但仍存在课程设置不够系统、师资力量不足等问题。针对这些问题，学者们提出了加强师资培训、优化课程设置等对策，以进一步提升高职院校创新创业教育的质量和效果。

除了以上几个方面的研究外，学者们还关注到高校创新创业教育对创业动机、创业意识、创业自我效能感、创业能力和创业行为的影响。国外学者Hatten、Klapper以及Peterman等人的研究表明，创业教育确实能够激发学生的创业动机和创业意识，增强他们的创业自我效能感。国内学者孙强（2011）、赵静（2015）和刘琼芳（2016）等也通过实证研究发现，接受过专业、系统创业教育的学生对创业态度、创业环境等变量因素的感知度更高，更有可能将创业作为未来的选择。在个体创业意向的研究中，学者们将研究对象主要锁定为在校大学生，并定义了"大学生创业意向"这一概念。Phan，Wong和Wang认为创业意向是指大学生选择自主创业的可能性；而Luthje和Franke则指出创业意向是指大学生毕业后在可预见到的将来创业的可能性。这些研究为我们深入理解大学生的创业意向提供了重要的理论依据。在创新创业教育与创业意愿的关系研究中，Zhang和Cloodt以中国494名学生为样本进行了调查，结果发现创业教育对创业意愿产生了显著的影响。这一研究结果表明，高职院校通过加强创新创业教育，可以有效提升学生的创业意愿和创业能力。关于创新创业教育的目的，Lifian认为其最基本的目的是意识教育，旨在增加学生的创业知识量，使他们能够考虑进行自主创业或明确未来的职业选择。Dehghanpour的研究则进一步表明，当学生完整地参加完一套创业课程后，他们的创业意识可能会增加1.3倍。这表明系统的创业教育对于提升学生的创业意识具有显著作用。

此外，Baron认为学习和学习机会是创业实践的中心，因为学习能够影响机会的识别。对于高职院校学生来说，通过接受创业教育，他们可以学习到更多的创业知识和技能，从而更好地识别和利用创业机会。丁明磊则认为创业教育对个体应对创业过程中的复杂性、提高个体的创业管理自我效能具有直接的作用。这表明创业教育不仅可以提升学生的创业能力，还可以帮助他们更好地应对创业过程中的挑战和困难。在经济转型的背景下，大学进行创业特殊教育显得尤为重要。Solesvik等人的研究表明，接受创业特殊教育的学生表现出更强烈的创业心态，有更强的冲动去尝试创业，并具备更强的创业能力和捕捉创业机会的能力。因此，高职院校应该加强创业特殊教育的开展，以培养学生的创业心态和能力。Krueger等认为创业教育应该通过培养自信和提高自我效能来提升学生对创业的可行性感知和对创业的激情。高职院校可以通过设置具有挑战性的创业任务、提供实践机会等方式来培养学生的自信和自我效能，从而激发他们的创业热情。

随着"大众创业、万众创新"口号的提出，创新创业教育在各层次高校中得到了广泛的关注和推广。高职院校作为培养技术技能人才的重要基地，其创新创业教育的开展对培养学生的创业意识和能力具有重要意义。因此，研究高职院校学生创新创业教育对创业意向的影响机制，有助于为高职院校学生开展创业教育提供理论依据和经验证据，从而更有针对性地指导高职院校学生的创新创业实践活动。尽管高职院校在创新创业教育方面取得了一定的成果，但相关研究仍显不足。邓力轩以计划行为理论和三元交互理论为基础，结合已有文献，依托来自西南地区438份高职院校学生的问卷，分析了创业教育对创业行为的影响机制。实证研究发现创业教育对创业意愿有显著性的正向影响，创业意愿在创业教育与创业行为关系中起中介作用。这一研究为我们深入理解高职院校创新创业教育与创业意向的关系提供了重要的实证支持。

综上所述，高职院校作为开展创新创业教育的重要主体，在培养学生的创业意愿、职业核心素养以及创业能力等方面发挥着关键作用。未来，我们需要进一步加强高职院校创新创业教育的研究和实践，以更好地推动高职院校学生的创新创业实践活动的开展。

（2）本研究样本数据的收集

本研究旨在深入探讨广州高职院校在校生的创新创业教育情况，研究样本为在广州地区高职院校中随机抽取的600名在校大学生，这些学生均正在接受创新创业教育，并自愿参与本次调查问卷的填写。我们假设该样本能够在一定程度上反映广州高职院校在校生群体的整体特征，具有一定的全局代表性。

为确保数据的准确性和全面性，本研究采用了多种方式进行数据收集。其中，网络问卷调研是主要的数据收集手段，通过在线平台发布问卷链接，方便学生随时随地填写。此外，我们还以结合邮递纸质问卷和现场问卷发放的方式，以覆盖更广泛的学生群体。部分问卷通过高职院校的老师发放，以引导学生填写信息。

通过综合运用这些数据收集方法，我们期望能够全面、深入地了解广州高职院校在校生在创新创业教育方面的现状与需求，为相关政策的制定和实践的改进提供有力的数据支持。

第二节　理论研究基础

一、计划行为理论

在对创新创业意向的探讨中，最具影响力的理论框架当属Azjen提出的计划行为理论（Theory of Planned Behavior，TPB）。（Schlaegel & Koenig，

2014）该理论的立论前提是，对行为的意向总是先于任何实际的计划行为。Linan和Chen强调了采用计划行为理论进行认知研究的重要性，认为它是能够揭示创业复杂过程的新颖见解。

在理论阐述中，意向被视为捕捉影响行为动机的关键因素，它反映了个人愿意付出努力的程度以及计划投入努力的水平。一般而言，实施行为的意向越强烈，个体实施该行为的可能性便越大。一项元理论综合分析（Armitage、Conner）以及关于创业精神的元理论分析（Schlaegel、Koenig）均验证了意向与后续行为之间的紧密联系。

研究进一步证实，计划行为理论作为一种理论驱动型研究方法，既简约又稳健，具有显著的解释力和预测力，从而展现了广泛的适用性（Krueger、Carsrud）。

Ajzen在《Organizational Behavior and Human Decision Processes》期刊中提出的计划行为理论是在理性行为理论（Theory of Reasoned Action，TRA）的基础上进一步发展和完善而成的。计划行为理论为理解和分析个体的行为意向提供了一个全面的理论框架，特别是在预测和解释创业意向方面（Ajzen、Fishbein）。近年来，该理论已被广泛应用于多个领域，以解释和预测人类行为，包括预测大学生的就业选择意向（Kolvereid）。

根据Ajzen的理论，计划行为源于个体对特定行为所持有的强烈信念。他强调，行为的直接前因是执行该行为的意向，而意向在很大程度上能够预测实际行为的产生。具体而言，个体的行为意向可以通过三个前置因素进行高精度预测。

根据Ajzen的研究，该理论确定了三种预测意向形成的先决条件，这些条件共同影响个体对特定行为的评估和决策。

首先，行为态度是个体对特定行为个人评估的正面或负面的程度。这包括对目标追求的积极或消极评价以及情感方面和评估注意事项的考量。例如，当一个人考虑创业时，他的行为态度将取决于他是否喜欢创业这个过程，以及他是否认为自己在创业方面具有优势。这种态度不仅影响个体的决策，还会影响他对行为的期望和信心。

其次，主观规范是执行或不执行某种行为的感知社会压力，即其他重要的人对个体决策的社会认可度。这主要涉及家人、朋友或其他重要的人对个体行为的影响。当个体面临决策时，他往往会考虑他人的意见和期望，从而形成一种社会压力。例如，如果家人和朋友支持个体创业，那么这种主观规范可能会促使个体更倾向于选择创业作为自己的职业道路。

最后，感知行为控制是个体对从事某种行为的难易程度的感知。这包括对情景能力的感知、对行为预期的感知能力以及是否选择采用他通常认为能够控制和掌握的行为。感知行为控制有助于个体评估自己是否有能力执行某项任务，从而影响他的决策和行动。例如，如果个体认为自己缺乏创业所需的技能和资源，那么他可能会选择放弃创业计划，转而寻找其他更可行的职业道路（Krueger）。

除了以上三种先决条件外，计划行为理论还强调了个体意图在行为决策中的关键作用。个体意图是指他想要执行某种行为的愿望和决心。在形成意图的过程中，行为态度、主观规范和感知行为控制三者相互作用，共同影响个体的决策。当个体对某种行为持有积极态度、感知到他人的支持和认可，并且相信自己有能力执行该行为时，他更有可能形成强烈的意图并付诸实践。

值得一提的是，计划行为理论并非一成不变，而是随着研究的深入而不断完善和发展。后续的研究者通过实证研究和案例分析，进一步验证了该理论的可靠性和有效性，并探讨了其在不同领域和情境中的应用。这些研究不仅丰富了计划行为理论的内容，也为其在实际生活中的应用提供了更加坚实的理论基础。

综上所述，计划行为理论中的行为态度、主观规范和感知行为控制是个体意向形成的先决条件。这些条件共同影响个体的决策和行动，为我们理解人类行为提供了重要的视角。通过深入了解这些条件的作用机制，我们可以更好地预测和干预个体的行为，从而更加积极和有效地实现社会和个人的目标。

二、三元交互理论

本研究的主题聚焦于探讨创新创业教育对高职学生创业意向的影响机理。在当前日益重视创新创业的时代背景下，理解并优化这一影响机制对于推动高职学生积极参与创业活动、提升创业成功率具有重要意义。

在对创业意向以及创业行为的相关研究中，艾伯特·班杜拉（Albert Bandura）的三元交互理论被广泛借鉴，并成为研究创业教育与创业意向之间关系的重要理论基础。博德（Bird）在其创业意向模型中便深受这一理论的启发。李静薇更是在研究创业教育对大学生创业意向的作用机制时运用了三元交互理论。同样，宁德鹏也借助该理论来深入探讨创业教育对创业行为的影响机理。

三元交互理论的核心在于强调个体因素、环境因素和个体行为之间的相互作用与影响。在创业教育的背景下，这一理论为我们提供了深入理解创业意向形成与发展过程的独特视角。个体因素包括个人的性格、能力、价值观等，这些因素在很大程度上决定了人们对创业的态度和看法。环境因素则涵盖了社会环境、家庭背景、教育资源等多个方面，它们为个体提供了创业所需的外部条件和资源。而个体行为则是指个体在特定环境下所采取的行动，如参与创业培训、寻找创业伙伴等，这些行为进一步塑造了创业意向。

（1）社会认知理论简介

20世纪80年代，班杜拉（Bandura）在Vygotsky的社会学习理论（Social Learning Theory）的基础上进一步发展和提出了社会认知理论（Social Cognitive Theory）。这一理论不仅为心理学界提供了新的视角，更为我们理解和解释个体行为提供了有力的工具。

社会认知是一个复杂而多维的概念，不同的学科领域对其有着各自的解读。在信息加工心理学中，社会认知被视作个体对外界信息的获取、表征、判断、加工、思考和提取相关因素的过程。这一过程不仅涉及个体对外界刺激的感知和理解，更涉及对信息的筛选、整合和转化。而在社会心理学中，社会认知则更多地关注个体对自己或他人的心理状态或行为动机的感知与判断。这种感知与判断不仅是个体理解他人行为的基础，也是个体在社会交往中表现出适当行为的关键。

社会认知理论的核心思想是，个体行为并非单纯由环境决定，而是受到个体认知因素的深刻影响。认知因素在个体与环境之间起到了中介作用，它决定了个体在面对环境刺激时所表现出的行为状态（Bandura）。换句话说，个体的认知结构、信念、价值观等因素在很大程度上塑造了他们的行为模式。

社会认知理论主要由三元交互理论（即三元交互决定论，Triadic Reciprocal Determinism）、自我效能感理论（Self-efficacy Theory）和观察学习理论（Observational Learning Theory）三部分构成。其中，三元交互决定论强调了环境、个体和行为之间的相互作用关系。它认为，个体的认知、情感和行为都是相互影响、相互作用的，而这种相互作用又是在特定的社会环境中进行的。自我效能感理论则关注个体对自己完成特定任务或达成特定目标的能力的信念。这种信念对个体的行为动机和表现具有重要影响。观察学习理论指出，个体可以通过观察他人的行为来学习新的反应或矫正原有的行为。这种学习方式不需要个体亲自经历，而是通过观察和模仿他人的行为来获得认知表征，并将其转化为自己的认知结构。

三元交互理论和自我效能感理论对于理解和预测个体行为具有重要的指导意义。三元交互理论提醒我们，在分析和解释个体行为时，需要综合考虑环境、个体和行为之间的相互作用关系。而自我效能感理论则强调了个体对自己的能力和潜力的信念对于其行为的影响。这种信念不仅影响个体的行为动机，也影响其行为表现和结果（Bandura）。

综上所述，社会认知理论为我们提供了一种全新的视角来理解和解释个体行为。通过深入研究这一理论，我们可以更好地揭示人类行为的内在机制，并为实际应用提供有力的支持。

（2）三元交互理论概念及主要观点

三元交互决定论（Triadic Reciprocal Determinism）是社会认知理论的核心内容，该理论由美国心理学家Albert Bandura在多年的研究中逐步提出并完善，旨在为我们理解个体与社会环境之间的互动关系提供有力的理论支持。

在三元交互决定论中，个体因素、环境因素和个体行为被视为三个独立但彼此交互作用并互相影响的作用力。Bandura强调，这三者是相互依赖和相互塑造的。

个体因素涵盖了能够引起个体感知和行动的认知或其他内部因素，如智力、个性特征、自信心、态度、对事物的判断和预期、想法、目标、意向和情感等。此外，个体的生理属性，如性别、种族、气质和遗传素质等也是个体因素的重要组成部分。

环境因素通常通过行为对个体产生作用，并对行为产生有效的影响。然而，环境因素对个体的影响是动态的、可变的，它随着个体认知和行为的变化而变化。

个体行为由动机反应、语言反应和社会活动等可以观察到的因素组成，不仅与个体所处的环境相关联，而且受到环境的影响和隐含规则的支配。

三者相互渗透、相互促进，共同构成了主体技能活动的三元交互决定系统（图2-5）。这一系统不仅有助于我们深入理解个体在社会环境中的学习和发展过程，也为我们在教育、心理咨询和社会工作等领域提供了有效的理论指导和实践工具。

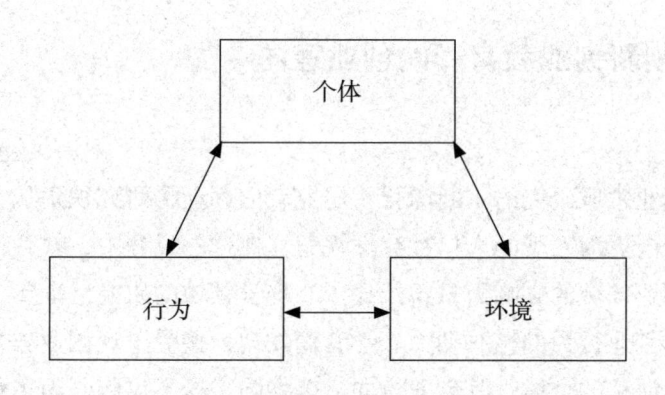

图2-5 三元交互决定系统

三元交互决定论强调了个体在社会环境中的主动性，认为人既不是完全受环境控制的被动反应者，也不是可以为所欲为的完全自由的实体，而是与环境进行交互决定的。这种交互决定的过程不仅涉及个体因素、环境因素和个体行为之间的相互作用，还涉及它们各自的动态变化。因此，三元交互决定论为我们提供了一种全面、深入的理解个体与社会环境之间互动关系的视角。

三元交互理论中的个体、环境和行为三大要素之间的交互作用并非一成不变，其双向互动关系的强度和模式会随着行为、个体、环境的差异以及不同的时段而呈现出动态变化。该理论具有广泛的适用性，尤其适用于深入剖析个体的各类学习行为，被视为一般学习理论的基石（Bandura）。在本研究中，三元交互理论为我们提供了坚实的理论支撑，我们基于个体、环境与行为三要素的综合视角，深入探索创新创业教育对创业意向的影响机制，以期为该领域的研究和实践提供有益的参考和启示。

第三节　研究假设

一、创新创业教育影响创业意向

随着创业领域研究的不断深化，研究者们逐渐将研究视角从个体特质的微观层面转向更为宏观的人口社会学视角。在这一过程中，教育作为外部因素，其在创业领域的影响力日益凸显。心理学领域的研究已证实，创业意向是推动个体创业行为的核心动力。学者们发现，接受正规创业教育并深入学习多门创业课程的个体，其创业意向显著增强。这不仅能归因于创业教育资源的丰富程度和教育水平的优劣上，更能归因于创业教育对个体创业行为的积极推动作用上。

早在1987年，Mcmullan便指出，综合的教育教学方法有助于满足个体在创业技能方面的多元化需求，进一步激发创业精神并促使其转化为实际行动。近半个世纪以来，特别是在高等教育领域，创业教育得到了迅猛发展，但其对创业行为影响的深入研究尚显不足，仍有待进一步探索。

研究表明，大学创业教育课程对大学生的创业计划、新企业创办及新企业的生存能力具有积极影响。随着研究的深入，创业教育及创业学习如何影响创业意向成为学术界关注的焦点。多数研究结果表明，创业教育有助于培养学生的积极态度和创业意向，并有效促进新公司的成立。此外，创业教育还能显著提升个体的创业能力和素质，进而强化创业意向。

通过实施创新创业教育，学生的创业意愿得到了显著提升，显示出创新创业教育对学生创业意向的强大且可预测的影响。例如，Farashah的研究发现，创业教育可使个体的创业意向提升约1.3倍。因此，针对高职学生开展创新创业教育，不仅能有效影响他们的创业意向，还能推动创业活动的蓬勃开展。

创新创业教育的实施，其理论基础在于Drucker提出的"创业可教"的核心理念。通过学习关键的商业技能和创业知识，学生能够积极探索并开创可行的商业事业。在这个过程中，创新创业教育在塑造个体的创业态度方面发挥着至关重要的作用。它鼓励学生将创新思维应用于创业实践中所需的各项技能中，使终身学习的理念贯穿于各类学科及不同形式的教育与培训之中——无论是正式还是非正式的。

实证研究显示，个体的创业意向高低与其所受的教育程度密切相关，其中创新创业教育在激发个体创业意向方面发挥着显著作用。缺乏充分的创新创业教育可能导致个体创业意向的降低（Rasheed、Bonnett、Furnham）。进一步地，学生通过参与创业培训或商务课程等创新创业教育活动，其创业意向往往能够得到显著提升。因此，创新创业教育对提升高职学生的就业竞争力及成为企业家的潜力具有积极影响。

Robert经过对家族企业及创业理论的深入剖析后，明确指出，创业教育虽不能保证每位受教者均能跻身杰出企业家之列，却能在显著高的程度上提升个体成为成功创业者所必备的各项技能。这一论断有力地证实了通过教育手段推动个体创业行为的现实可行性。同时，众多实证研究成果亦显示，特定的创业支持计划对激励创业者启动或优化其商业活动具有积极效果（Gorman）。特别是在接受创业教育的高职学生群体中，此种创业意向的显著增强现象尤为突出。

基于以上理论分析，本研究提出以下假设：

H1：创新创业教育显著正向影响高职学生的创业意向。

二、创业态度的中介作用

创业活动因其固有的创造性和风险性而极具挑战性，且通常伴随着大量的时间和精力的投入。在个体面对未知和不确定性的环境中，创业意向的形成显得尤为重要，它是驱动个体开展创业活动的先决条件。因此，创业意向被视为预测个体创业行为的关键因素，且具备极高的预测效能（Bagozzi）。在创业意向的深入研究领域，计划行为理论以其独特的视角和框架，为解析个体如何产生创业动机提供了有力的理论支撑（Davidsson）。这一理论在创业研究领域得到了广泛的认可和应用（Fayolle、Linan）。然而，Schlaegel、Koenig的研究提示我们，未来的研究需要更多地关注计划行为理论的前因及其所起的中介作用，同时，还需综合考察其他可能影响创业意向的多种因素。除了计划行为理论的核心框架外，研究人员还需全面审视制度环境、个人层面的特性、教育背景以及创业过程等多个维度（李兴光，2020）。大量实证研究已经表明，创业教育与创业意向之间存在密切的关联，而计划行为理论模型为解析这种关系提供了有力的理论工具（Ajzen、Fishbein）。本研究认为，创新创业教育通过塑造个体的创业态度、主观规范以及感知行为控制等多个维度，进而对创业意向产生深远影响。创业态度作为个体对创业活动所持有的正面或负面评价，被视为决定行为意向的首要因素（Carr、Sequeira）。创业态度涉及对创业的价值、潜在利益以及整体好感度的认知，这些认知在很大程度上决定了个体是否愿意投身于创业实践。创业态度进一步可细分为内生态度和外生态度，分别反映了个体在内在动机和外在动机驱动下的不同创业倾向（Phan）。

态度作为个体社会化过程中的产物，其形成受到个人经历、教育背景和社会环境等多重因素的影响。积极的创业态度和丰富的工作经验相结合，往往能够激发潜在创业者的行动意愿。基于态度研究领域的理论进展，特别是Ajzen的计划行为理论，个体的创业态度成为识别和预测创业意向的重要参考依据。实证研究亦证实，创业态度与创业意向之间存在显著的正相关关系（Krueger）。例如，Chritian对麻省理工学院工程学院的学生进行的调查显示，创业态度与创业意向之间存在密切的关联。因此，我们可以推断，通过培养和优化个体的创业态度，有望有效促进创业意向的形成和提升。

高职创新创业教育在高等教育体系中占据着举足轻重的地位，它不仅在塑造学生的创业态度方面发挥着关键作用，更致力于培育高职学生的创新意识与创业技能，进而增强其创业意向。在学术研究领域，多位学者从不同视角探讨了创新创业教育的影响力。Souitaris等的研究明确指出，创业教育对理工科学生的创业态度具有显著的正向影响。Robinson等从计划行为理论的角度出发，深入剖析了创业类教育项目对学生创业态度的潜在影响，并强调了教育者与实践者在此过程中的核心作用。Krueger与Brazeal进一步指出，创业教育应致力于完善学生知识体系，并转变其创业态度，从而提高其参与创业的可能性。同时，他们认为，通过展示创业作为个人职业选择的魅力，可以有效提升创业对学生的感知吸引力。Shook等对创业启动活动进行了系统分类，并强调了机会识别在创业启动过程中的重要性。创新创业教育的实施为学生提供了更多发现与把握创业机会的平台，同时，通过提升参与者的机会识别能力，进而改善其创业态度。Roy等运用计划行为理论模型进行实证研究，揭示了态度与个体创业意向之间的紧密关联。Yurtkoru等的研究亦支持了这一观点，他们认为个人态度是预测其创业意向的关键因素。然而，Kolvereid与Moen的研究得出了不同的结论，而Zhang等人亦认为创业态度并非企业家意向的关键预测因子。这些差异可能源于大学生缺乏实际创业经验，导致难以准确评估创业的预期成果。尽管已有较多研究揭示了创新创业教育对创业态度的积极影响，但对于创业态度在创业教育与个体创业意向之间作用的内部机制，尚缺乏深入的研究与实证检验。尽管有研究者提出了创业教育与创业态度、创业意向或创业行为之间的潜在联系，但这一领域仍需进一步的实证探索。鉴于此，本研究提出一个核心观点：个体创业态度可能是创新创业教育对个体创业意向产生作用的关键中介变量。基于此，本研究将进一步提出假设，以期为后续的实证研究提供理论支撑与方向指引。

基于以上理论分析，本研究提出以下假设：

假设H2：创业态度在创新创业教育对高职学生创业意向的影响路径中存在中介效应。

假设H2a：创新创业教育显著正向影响高职学生的创业态度。

假设H2b：创业态度显著正向影响高职学生的创业意向。

三、主观规范的中介作用

根据Ajzen的定义，主观规范（Subjective Norm）指的是个体在决定采取某一特定行为时所感受到的社会压力，其核心在于对个人倾向的特定行为是否得到支持、期望以及喜爱的综合考量。具体而言，个体在形成行动意向时，不仅受到自身态度的引导，同时也受到父母、友人、重要他人以及周围环境对该行为认同程度的深刻影响。主观规范作为外部影响因素，其实质是个体行为符合具有影响力的个体或团体期望的程度。Ajzen进一步指出，主观规范可视为一种社会行为，具备潜在地改变个体执行特定行为意向的能力。此外，主观规范能够积极或消极地预测个体的行为走向（Fishein、Ajzen）。例如，若父母在创业过程中曾经历负面体验，则可能向子女施加压力，劝阻其涉足创业领域，进而可能导致子女因得不到父母的支持或期望而放弃创业意愿；反之，若周围友人因创业而享有工作自由及丰厚经济回报，则可能激发个体的创业热情。

主观规范在塑造个体创业意向中无疑占据了举足轻重的地位。特别是在中国特有的文化和社会背景下，创新创业教育对高职学生创业意向的影响受到了主观规范的重要影响。通过接受高等教育，特别是聚焦于知识、能力和技能培养的创新创业教育，个体能够获得管理和控制环境所需的关键能力，这些能力对于形成积极的创业意向至关重要。

个人成就的追求和社会认可的获取作为衡量个体态度的核心要素，往往受到主观规范的影响。Phan、Wong、Wang的研究已经揭示了成就动机等在增强个体创业意愿方面的显著作用。在这一过程中，亲密友人和家长的支持以及政府、大学政策的扶持，共同构成了影响主观规范的关键因素。

研究表明，社会期望与创业意向之间存在显著的正相关关系（Tkachev、Kolvereid），这进一步强调了主观规范在塑造创业意向中的重要角色。同时，个体在特定情境下的反应方式深受其社会行为特征的影响，这些特征在很大程度上由主观规范所塑造。值得注意的是，主观规范的作用在不同国家和地区间存在差异（McGrath、MacMillan），因此，在中国特有的文化和社会背景下对主观规范进行深入分析显得尤为重要。

教育在个体社会化进程中具有不可替代的作用。它不仅有助于个体社会性行为的形成，还能改变个体对社会规范的态度。在中国，自推行创新创业教育以来，民众对创业的看法发生了显著变化，国家和社会均积极鼓励大学生投身创业实践，成为企业家。然而，尽管已有研究探讨了创业意向与主观规范之间的关系，但在中国情境下，特别是针对高职学生群体，主观规范对创业意向的直接影响尚未得到充分检验。

鉴于以上分析，我们提出以下假设：在中国情境下，主观规范在创新创业教育与高职学生创业意向之间可能扮演积极的中介角色。即，创新创业教育通过提升个体的主观规范，进而增强他们的创业意向。这一假设基于以下理由：创新创业教育使学生接触更多具备创业精神的个体，形成对创业较高的期望值，这些期望值又受到家人、友人、社会公众以及中国传统文化和社会环境的影响，共同构成了影响主观规范的关键因素。

以上假设可归纳为：

假设H3：主观规范在创新创业教育对高职学生创业意向的影响路径中存在中介效应。

假设H3a：创新创业教育正向显著影响高职学生的主观规范。

假设H3b：主观规范正向显著影响高职学生的创业意向。

四、感知行为控制的中介作用

感知行为控制（PBC）是个体对执行特定行为所需资源和能力的自我评估，是预测创业意向和实际创业行为的关键因素。在Ajzen和Fishbein的理论框架下，感知行为控制涵盖了个体对可利用资源、技能、机会以及实践相关行为所需前提条件的综合考量。它不仅反映了个体对创业难度的认知，还完成了对成为创业者所需能力的自我评估（Kolvereid）。

Ajzen强调，感知行为控制是一种动力，它既可以促进创业意向的形成，也可能成为实现创业意向的障碍，进而影响创业行为的难易程度。这种控制感体现了个体对行为可控性的信念，与情境能力的感知紧密相连，对个体的职业选择，特别是创业行为，具有显著影响（Alvarez）。

在计划行为理论模型中，感知行为控制占据了核心地位。对于那些对自身能力持有积极态度的个体，他们更倾向于将创业挑战视为机遇而非风险，因此相较于消极态度者，他们展现出更为强烈的创业意愿（Wilson）。多项研究已证实感知行为控制在预测个体创业意向中的关键作用（Mwiya、Ambad、Damit、Yurtkoru、Fayolle、Gailly）。

创新创业教育作为培养学生创业精神和创业能力的重要途径，对于提升高职学生的感知行为控制具有重要意义。通过不断发展和完善个体的认知、社会、语言及身体机能，创新创业教育可以逐步增强个体的感知行为控制（Boyd、Vozikis）。此外，正式及非正式的教育模式同样能有效提升个体的感知行为控制。

创办新企业往往需要整合和利用各种资源，如资金、人才、网络支持、市场机会以及专业技能与知识等（Zaryab、Saeed）。因此，高职院校的支持及学生可获取的资源对其创业意向的形成具有显著影响。鉴于感知行为控制在创业过程中的重要性，我们提出假设：创新创业教育可能通过提升高职学生的个人能力，增强其对个人资源的感知与发掘，进而提高其感知行为控制水平，最终影响创业意向。

以上假设可归纳为：

假设H4：感知行为控制在创新创业教育对高职学生创业意向的影响路径中存在中介效应。

假设H4a：创新创业教育显著正向影响高职学生的感知行为控制。

假设H4b：感知行为控制显著正向影响高职学生的创业意向。

五、制度环境的调节作用

与公司等创业结果的日常运作进程一样，创新创业活动无疑也受到制度环境的深刻影响（朱虹，2019）。创业研究领域的学者已广泛认可并探讨了制度因素在创业活动中的重要性，取得了丰富的理论成果（Gartner、

Davidsson、Welter、Su）。其中，Su等的研究发现，有高达46%的文献聚焦于国家层面的制度因素对创业活动的影响，这也成为本书研究的核心关注点。

为了深入探讨国家/地区层面的制度对创业活动的影响，本节将基于Scott的制度三分类理论中的规制、规范和认知三个维度进行分析与讨论。这一分析框架旨在为后续关于创新创业教育对创业意向影响的探索提供坚实的理论基础。

在规制维度，研究主要关注正式的经济制度，如政府监管、税收、产权保护以及创业等政策对创业活动的影响。这些制度通过影响创业成本和风险，以及创业者的资源获取能力，从而对创业活动产生直接的促进或制约作用。例如，Porter指出，严格的政府监管可能增加新进入者的财务和时间成本，迫使他们转向非正式经济领域以降低成本和规避正式经济领域的限制（Djankov）。Ho、Wong的研究则发现，高昂的进入成本对机会导向型创业具有显著的阻碍作用，而对生存导向型创业的影响相对较小。此外，Dreher、Gassebner的研究也表明，烦琐的注册流程和较高的最低资本要求同样会对创业活动产生不利影响。

在规范维度，研究主要探讨文化因素，如价值观、信念等对创业活动的影响。Krueger等的研究强调，社会群体的态度、信念和期望对个人的创业意图具有显著影响。当社会整体倾向于接受和鼓励创业时，个体的创业意愿也会相应增强。Stenholm等利用GEM专家调查数据，进一步验证了国家整体规范制度对创业活动及创业类型的影响。

在认知维度，研究关注创业者的自我效能、机会感知、风险承担等创业知识和技能相关因素对创业活动的影响。同时，也有学者在Scott的制度框架下探讨了宏观制度环境如何影响创业者的认知过程，进而影响其创业行为。这些研究为我们理解制度环境对创业活动的全面影响提供了重要视角。

本研究进一步提出，个体对制度环境的感知会影响其对创业活动的信念和态度。这一观点与Ajzen在计划行为理论中提出的关于行为认知表征的三个前因——行为态度、主观规范和感知行为控制——相吻合。Linan和Fayolle通过文献综述发现，制度变量在创业意向研究领域中占据重要地位。多项研究表明，一个国家的制度环境对其新公司创建数量具有显著影响（Hwang、Powell）。更重要的是，制度环境不仅能够促进社会创业精神的产生，也可能对其产生损害作用。因此，制度环境与创业意愿之间的关系正日益受到创业研究领域学者们的关注（Cooke、Sheeran、Kibler、林和思）。例如，林和思以北京农村的农民及其创业行为为研究对象，探讨了自我效能感、对权力的需求、制度环境与创业意图之间的关系，发现自我效能感在制度环境与创业意图之间起到调节作用。同样，Kibler在研究区域环境对新公司形成的作用时，以计划行为理论及其前身文献为基础，指出环境条件会影响创业意图以及个人行为态度、主观规范和感知行为控制的预测因素。他进一步认为，区域环境在行为态度、主观规范、感知行为控制和创业意图之间的关系中起到调节作用。Ajzen还指出，中介可能导致当前情况的意图或行为控制发生变化，因此在某些情况下可能无法准确评估行为。此外，当个体对特定行为的信息掌握相对较少时，感知行为控制在TPB中的作用也会发生变化。

综上所述，我们认为，良好的创业制度环境会增强高职学生对创新创业教育的需求，进而提升个体的创业意向。研究提出以下假设：

假设H5a：制度环境（IE）对创新创业教育（IEE）与创业意向（EI）之间的关系具有负向调节作用。

假设H5b：制度环境（IE）对个人态度（PA）与创业意向（EI）之间的关系具有负向调节作用。

假设H5c：制度环境（IE）对主观规范（SN）与创业意向（EI）之间的关系具有负向调节作用。

假设H5d：制度环境（IE）对感知行为控制（PBC）与创业意向（EI）之间的关系具有负向调节作用。

六、创业文化的调节作用

根据全球创业观察（GEM）报告的分析，不同国家与地区在创业行为方面呈现出显著的差异。这种差异引起了学术界的广泛关注，特别是文化因素对创业意向与行为的影响成为研究的热点。从经济学、社会学到心理学，各领域学者纷纷对文化与创业之间的关联进行了深入探讨。

研究发现，某些文化体系明确认可创业活动的价值，例如中国文化和犹太文化，这些文化背景下的人们往往对创业持有积极的态度。同时，文化因素也在个体层面影响着创业者的行为倾向与感知，如韦伯（Weber）在其研究中指出，文化对个人实施创业行为的倾向具有显著影响。此外，文化还渗透至公司层面，塑造着企业的经营模式、创新模式等核心要素。

对文化与创业关系的研究主要聚焦于三个核心领域。一是着重探讨文化与国家/区域创业状况之间的关系，包括国家创新产出和新企业创建率等宏观指标。二是关注文化与公司创业之间的相互作用，涉及战略选择、创新模式等微观层面。三是聚焦于文化与个人创业者之间的关系，探讨文化、价值观、信仰和动机等因素如何影响创业者的认知与行为。

在第一领域的研究中，学者们通过比较不同国家或地区的整体创业产出，揭示了文化因素对创业活动的深远影响。例如，沙恩（Shane）通过运用霍夫斯泰德（Hofstede）文化维度理论，研究了个人主义/集体主义和权力距离等文化特征与国家创新比率之间的关系。研究结果表明，创新比率与文化因素之间存在显著的相关性，且这种相关性因文化维度的不同而有所差异。在第二领域的研究中，学者们关注到不同国家的企业在创新类型、市场进入模式、战略倾向及战略执行等方面所展现出的跨文化差异。随着经济全球化的加速推进，跨国公司逐渐进入他国市场，不同文化背景对企业经营模式的影响日益凸显。第三领域的研究则更加关注文化对创业者个人的影响。这些研究可以分为两类：一类聚焦于创业者的个人特质，探讨文化如何塑造创业特质以及这些特质是否具有跨文化的一致性；另一类则关注文化如何影响创业者的认知与行为，包括创业动机、创业决策等方面。

近年来，文化对创业意向的影响逐渐受到学术界的重视。创业意向作为个体层面的关键因素，受到诸多个体和环境因素的共同影响。其中，文化作为一种重要的环境因素，对创业意向的塑造具有不可忽视的作用。一些学者在实证研究中发现，不同国家之间的创业意向存在显著差异，这进一步证实了文化在创业意向形成过程中的重要作用。

尽管文化与创业之间的关系已经引起了学术界的广泛关注，但相关的实证研究仍然相对匮乏。因此，本研究旨在通过实证方法深入探讨创业文化与创业意向之间的关系，以期为创业领域的理论与实践提供新的视角与启示。

根据以上综述，我们认为创业文化在创新创业教育、创业态度、主观规范和感知行为控制与创业意向的关系模型中起调节作用。本研究提出以下假设：

假设H6a：创业文化正向调节创新创业教育对创业意向的影响。

假设H6b：创业文化正向调节个人态度与创业意向之间的关系。

假设H6c：创业文化正向调节主观规范与创业意向的关系。

假设H6d：创业文化正向调节感知行为控制与创业意向之间的关系。

第四节　理论模型建构

本书基于计划行为理论与三元交互决定论，系统性地剖析了创新创业教育与高职学生创业意向之间的内在联系，并深入探讨了创业制度环境、创业文化等变量在这一过程中的调节作用。通过对七个关键变量——创新创业教育、创业意向、创业态度（即行为态度）、主观规范、感知行为控制、创业制度环境以及创业文化的深入分析，本书提出了一系列富有洞察力的理论假设，旨在构建一个全面而深入的理论框架。

创新创业教育在高职教育中占据举足轻重的地位，它不仅能够激发学生的创业思维，还能帮助学生识别并响应市场机遇。已有研究证实，参与创业教育项目的人群往往展现出更高的创业意向水平（Zhang et al., 2014）。然而，尽管教育对于提升个人能力、促进全面发展具有显著作用，但关于创新创业教育对高职学生创业意向影响的实证研究尚显不足，尤其是在中国的教育背景下。

创新创业教育不仅影响学生的创业态度，还在塑造其创业意向和创业视角方面发挥着重要作用（Villasana）。通过创新创业教育，学生能够获得关于如何高效、迅捷创办新企业的宝贵知识，显著提升其创业成功的机率

（Zhao）。然而，尽管创新创业教育的重要性被广泛认可，但关于其如何在实际操作中影响个体的机制与路径，学界尚未达成共识（Pittaway、Cope）。

本研究特别关注创业制度环境和创业文化在创新创业教育与学生创业意向之间的调节作用。创业制度环境，包括政府政策、法律法规等，对创业活动的顺利进行至关重要。而创业文化，则反映了社会对创业活动的整体态度和氛围。这些因素共同构成了影响创业意向的外部环境，对创新创业教育的效果产生显著影响。

基于以上分析，本书提出以下观点：

创新创业教育对高职学生创业意向具有直接的正向影响。通过创新创业教育，学生能够获得创业所需的知识、技能和态度，进而增强其创业意向。

创业制度环境和创业文化在创新创业教育与高职学生创业意向之间起到调节的作用。一个良好的创业制度环境和积极的创业文化能够增强创新创业教育的效果，进而提升学生的创业意向。

创新创业教育还能强化高职学生的创业态度、主观规范及感知行为控制。这些因素是学生创业意向的重要组成部分，对创业意向的形成和发展具有重要影响。

本研究致力于弥补当前研究空白，通过深入分析创业制度环境在创新创业教育与高职学生创业意向之间的作用机制，以期构建更为全面和深入的理论框架。这不仅有助于提升我们对创新创业教育有效性的认识，还能为相关政策制定和实践提供有价值的参考。

本书基于创新创业教育、制度环境、创业文化与高职学生创业意向之间的关系，在理论分析的基础上构建了创新创业教育对大学生创业意向影响机理的理论模型，如图2-6所示。

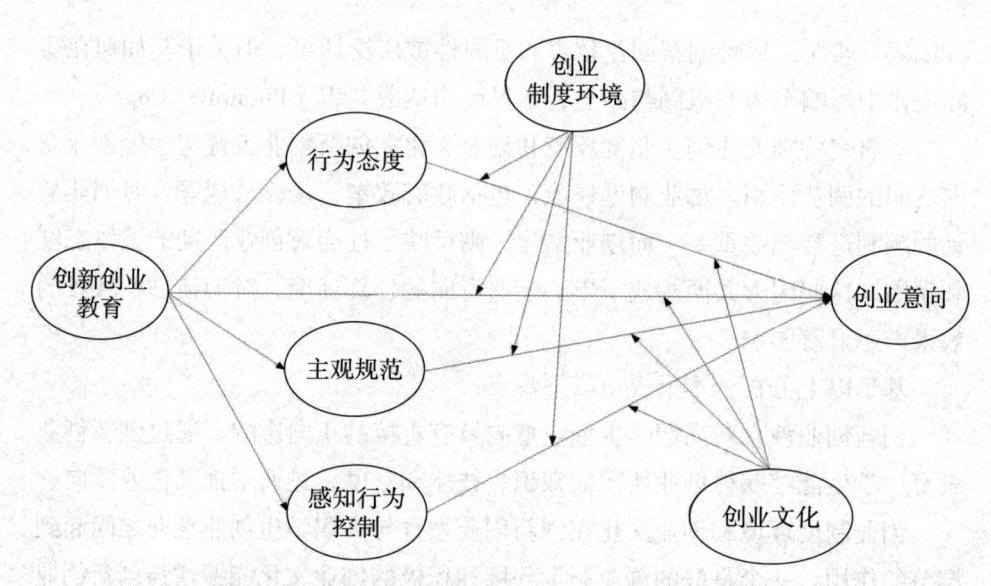

图2-6　创新创业教育对创业意向影响机理的理论模型

第三章 研究方法

本书将主要使用规范分析与实证分析、质性研究和定量研究相结合的方法。本书一方面对现有研究文献进行梳理，开展理论分析；另一方面通过问卷调查进行大样本数据收集，开展假设的实证研究。通过综合运用多元方法，实现研究方法之间互补，以严密的逻辑和完整的结构探索创新创业教育对高职学生创业意向的影响机制。

第一节 总体、样本和抽样程序

本书将根据研究问题清晰界定总体，使研究具有科学性。本书将依据统计原则确定调查的样本数量和分布。为了使样本的调研结果尽可能地反映总体的情况，本书将严格按照科学抽样程序获取样本。确保本书的实证研究能够对研究假设起到科学的验证效果。

一、总体

本书的研究对象是中国广州市境内45所高职院校的在校学生。本书通过研究创新创业教育对广州高职学生创业意向的影响机制，探索提升高职院校学生创业意向的路径和方法。研究成果将拓展现有关于创业意向研究的范围，并进一步揭示创新创业教育对创业意向的影响机理。中国自从改革开放后，短短40多年的时间实现了经济的快速发展。中国高职院校创新创业教育也取得了快速发展，但其教育效果的有效性需要在中国情境下进一步验证。2021年，《中华人民共和国职业教育法（修订草案）》通过，将"高等职业学校"的概念修改为与"普通高等学校"并列的"职业高等学校"。本科层次职业学校正是职业高等学校中的一个层次，且是现阶段职业高等教育体系中的最高层次。该法案的修订成为中国大陆高职院校的界定方法。本书采纳中华人民共和国教育部对大陆高职院校的认定结果。截至2020年6月30日，全国高等学校共计3005所，其中普通高等学校2740所，含本科院校1272所、高职（专科）院校1468所；成人高等学校265所。其中广州的高职院校有45所，577831名学生（2020年统计的数据）。

二、样本

本书采取抽样调查的方式开展研究。因为研究的对象是一个数额很大的群体，无法做到全面调查，所以只能采取抽样调查的方法。为了使样本研究结论能够反映研究对象的特征，本研究采用简单随机抽样法。本研究采用的样本计算公式如下：

$$n=\{[Z_{(a/2)}*\sigma]/e\}^2$$

其中，n为样本量，a为风险水准，e为可容忍误差，Z为置信区间，σ为标准差（Cozby P. C.）。本研究的总体数量是577831，置信水平为95%，置信区间为5%，计算获得样本数量为384。所以本书的样本是384名中国广州市境内高职院校的在校大学生。具体抽样情况如表3-1所示。

表3-1 具体抽样情况

序号	学校	学生总数	抽样比例	样本量
1	广东工业职业技术学院	26000	0.1%	26
2	广东通信职业技术学院	15500	0.1%	16
3	广东水利电力职业技术学院	15000	0.1%	15
4	广东南华工商职业学院	12000	0.1%	12
5	私立华联学院	10000	0.1%	10
6	广州民航职业技术学院	12000	0.1%	12
7	广州番禺职业技术学院	13607	0.1%	14
8	广东艾布职业技术学院	20000	0.1%	20
9	广东科技职业技术学院	23000	0.1%	23
10	广东食品药品职业学院	14791	0.1%	15
11	广州康达职业技术学院	6500	0.1%	7
12	广东行政职业学院	4000	0.1%	4
13	广东体育职业学院	4107	0.1%	4
14	广东建设职业技术学院	11200	0.1%	11
15	广东女子职业技术学院	8000	0.1%	8
16	广东机电职业技术学院	15000	0.1%	15
17	广东岭南职业技术学院	26416	0.1%	26
18	广东邮电职业学院	10000	0.1%	10
19	广东工商职业技术学院	22000	0.1%	22
20	广东司法警官职业学院	6000	0.1%	6
21	广东外语艺术职业学院	14985	0.1%	15
22	广东文艺职业学院	4228	0.1%	4
23	广州体育职业技术学院	2000	0.1%	2
24	广州理工学院	16000	0.1%	16
25	广州国际经济学院	13661	0.1%	14
26	广州南洋职业技术学院	12000	0.1%	12

续表

序号	学校	学生总数	抽样比例	样本量
27	广州现代信息工程学院	10000	0.1%	10
28	广东职业技术学院	12000	0.1%	12
29	广州华南商贸学院	10000	0.1%	10
30	广州华立科技职业学院	17000	0.1%	17
31	广州城市职业技术学院	9425	0.1%	9
32	广东工程职业技术学院	18000	0.1%	18
33	广州铁道职业技术学院	8038	0.1%	8
34	广东科技贸易职业技术学院	23000	0.1%	23
35	广州工商职业学院	6016	0.1%	6
36	广州珠江职业技术学院	12000	0.1%	12
37	广州松田职业学院	10000	0.1%	10
38	广州城市建设学院	17500	0.1%	18
39	广州华商职业学院	40000	0.1%	40
40	广州华夏职业学院	13857	0.1%	14
41	广东青年职业学院	4000	0.1%	4
42	广州东华职业学院	10000	0.1%	10
43	广东舞蹈戏剧学院	5000	0.1%	5
44	广东生态工程职业技术学院	7000	0.1%	7
45	广州健康科学学院	7000	0.1%	7

三、抽样

本书采取简单随机抽样法选择样本学生。384名的样本学生将从中国广州市境内高职院校的在校大学生中采用简单随机抽样法进行抽取（Søren Taverniers、Daniel M.）。为了避免不配合样本带来的抽样误差，本研究将实际抽取600名学生进行调查访问，并在调查过程中将无效问卷剔除，最后对这随机抽取的579名在校大学生进行调查访问。

第二节 数据收集方法

研究变量是创新创业教育、创业意向、创业态度、主观规范、感知行为控制、制度环境和创业文化。这些变量的数据从公开资料中获取的可能性非常有限，所以本书采取面向高职院校学生的问卷调查方式获取样本数据。本书研究根据中国的经济发展情境，结合已有的成熟研究，对相关人员开展实地访谈，并结合本领域专家的意见进行调查问卷的设计。本书对初步制定的调查问卷先进行预调研测试，进而根据测试情况完善调查问卷。

一、调查问卷设计

调查问卷设计的科学合理是研究数据的可靠性和有效性的重要影响因素。本书将结合已有学者对相关变量和问卷设计的研究成果（Khahan Na Nan、Theerawat Roopleam、Natthaya Wongsuwan、Rozzell Kaitlin N.、Carter Chelsea、Convertino Alexandra D.、石晓玉、林静、刘夏、李文红），遵循科学合理的原则和流程进行问卷设计。

①量表文献梳理。本书对现有学者关于创新创业教育、创业意向、创业态度、主观规范、感知行为控制、制度环境和创业文化的研究文献进行梳理。本书选择其中被广泛使用的具有高信度和效度的变量量表制定各变量的

测量量表，形成本书的问卷初稿。

②咨询学术专家。笔者在研究期间积极参加与本书研究领域相关的学术交流会，因此笔者借助学术交流会的机会与相关学术专家就问卷的逻辑结构、题项设置和措辞等方面进行交流。调查对象是中国广州高职院校的学生，而他们使用的语言主要是汉语。所以作者向语言方面的学者进行了问卷翻译用词的咨询。通过咨询相关学术专家，对问卷初稿进一步修改，形成问卷第二稿。

③咨询高职院校管理人员。笔者首先实地访问5位具有良好管理知识教育背景的高职院校管理者。笔者与他们交流问卷的逻辑结构是否符合高职院校的实际情况，以及变量的题项设置是否能够反映创新创业相关方面的真实情况。其次笔者还实地访问与他们交流问卷的题项措辞是否表达清楚。通过上述过程的修改形成问卷的第三稿。

④预调研测试。本书在正式开展大样本调查之前先进行预调研测试，对问卷各变量的信度和效度进行检验分析。以本研究采用的预调研计算公式计算获得测试预调研数量为100。根据小样本测试分析结果进一步完善问卷，最终形成问卷的终稿。

本研究的调查问卷采用李克特7级量表设计题项，被调查者主要采取主观评价的方式进行答卷。如此可能影响问卷调查的准确性和客观性。为了避免被测试者的主观因素导致数据结果出现偏差，本书将参考已有学者关于调查问卷的研究成果采取控制措施（Khahan Na Nan、Theerawat Roopleam、Natthaya Wongsuwan、Rozzell Kaitlin N.、Carter Chelsea、Convertino Alexandra D.）。

本研究在问卷的卷首明确调查研究的目的：将只用于学术研究，不用于任何商业用途，并进行保密。以此减少被调查者不愿意如实回答问题或刻意回避一些信息带来的调查结果偏差。

本书主要选择高职院校在校学生，并且是已经接受过创新创业课程教育的。以此减少被测试者因为不了解创新创业教育而带来的调查结果偏差。当被测试者不了解某些题项的信息时，建议其询问相关人员后再作答，确保信息的真实可靠。

问卷答题人的客观条件对本书实证研究的结果会产生影响。本书的问卷调查会收集答题人的基本信息，包括学校名称、性别、专业门类、年级、有无创业经历、家庭自营企业等情况。

问卷所有涉及的问题均据3年以内的情况作答。以此减少因为被测试者不能准确回忆问卷题项所涉及的信息带来的调查结果偏差。

问卷采取留置方式进行调查，以此避免被测试者因为时间仓促导致无法认真思考进行答卷带来的调查结果偏差。问卷的末尾将注明笔者的联系方式，提醒被测试者遇到疑惑时可以及时联系笔者。

二、数据收集过程

数据收集与整理对实证研究结果的准确性和有效性具有重要影响。本书为了确保获得高质量的样本数据，对问卷的发放对象、发放时间、发放渠道进行严格控制，并将采取一些措施防止问卷偏差。

（1）问卷的发放与回收

为了保障调查数据的代表性和可靠性，本书招募一批商科类专业的学生组建调查团队。同时也因为笔者在高校工作，所教对象是商科类的学生，所以准备招募20名商科类专业的学生组建调查团队。商科类专业的学生有一定的商业管理类专业知识基础，所以笔者在对他们进行调查方法培训时效果会更好一些。他们能够更好地理解和执行调查要求，达到调查目的。

问卷发放方式根据样本情况分为纸质现场调查和电子问卷发放两种。因样本学校都在广东省内，笔者前往样本学生所在地进行现场调查，并在对方完成问卷后进行回收。

（2）问卷防偏差措施

本书的调查问卷收集过程中，如果一份问卷是由同一个人完成所有的题项，可能会出现同源偏差的问题。因此本书一方面以对问卷采取未记名的方式开展调查，另一方面将采用哈曼单因子检验方式进行统计控制，避免同源偏差问题（Favero、Bullock、Jensen）。

本书还将对问卷调查过程的未回复偏差进行检测。因为从那些不回复的学生及获取其内部信息很难，所以本书将通过对积极回复的问卷和不积极回复的问卷进行对比分析，从而开展独立样本T检验来检测未回复偏差情况（Cheng Liu、Yixiao Sun）。

三、工具质量

本书对创新创业教育对高职院校学生创业意向的影响研究模型中涉及的变量进行测度。本书所使用的量表主要来自已有学者开放的成熟量表。本书根据调查样本高校所处的中国经营环境使用中文的语法特点对原有量表进行了适当的调整和修改。为了保证量表的科学合理，本书开展问卷的信度和效度分析。

（1）信度分析

信度分析是对问卷测量结果的一致性和稳定性开展的分析和检测。问卷的信度越高则表明问卷测量过程排除误差的能力越强，能够保证测量的结果更符合研究要求。常用的信度分析指标有稳定信度、同等信度和代表性信度。因为本书主要关注问卷题项的测量结果差异性，所以本书采用同等信度分析指标。本书主要采用Cronbach's a系数作为一致性检验分析的指标。具体标准为：当a<0.7时，变量的量表信度很低，需要重新设计；当0.7≤a<0.8时，量表的信度可以接受；当0.8≤a<0.9时，量表的信度较高；当a≥0.9时，量表的信度很高。当删除量表的某个题项时，a系数出现增大，则说明应该删除该题项，据此优化量表（侯志阳，丁元，2017）。

（2）效度分析

效度分析是对量表的概念定义与操作定义是否相符合的检测，反映量表是否能够测量到研究目标所期望的潜在构念。常用的效度分析指标有表面效度、内容效度、构念效度和效标关联效度。虽然本书所用量表都是经典成熟量表，但是为了能够使用于中国的汉语环境，本书将量表翻译成汉语进行表述。如此可能会带来量表构念测量的偏差。本书将使用探索因子分析法检验问卷量表的构念效度，以此分析问卷是否能够达到预期的测量效果。

探索因子分析通过聚合分析变量之间的错综复杂关系探索数据的本质结构。因为本书的量表是使用现有成熟量表结合中国环境改进而来，所以需要进行探索因子分析验证量表题项的合理性和有效性。首先，对样本进行KMO（Kaiser-Meyer-Olykin）样本充分性检测和巴特莱特球检验。当KMO值大于0.7，且主题项的载荷系数都大于0.5时，才能开展因子分析（史小强、戴健）。其次，使用主成分法按照特征根大于1抽取因子，以最大方差法旋转，最大收敛性迭代次数为25开展因子分析。对分析过程出现以下情况的量表题项，删除。第一，一个题项单独成为一个因子。第二，一个题项在两个及以上因子的载荷系数大于0.5。第三，题项所属因子载荷系数小于0.5。

第三节　数据分析方法

　　本书在调查问卷检验合格的基础上对调查所收集的数据开展分析。本书主要使用研究人员公认的统计分析方法对数据开展分析，探索各研究变量之间的关系，通过数据分析验证研究假设的成立与否。

一、数据分析工具

　　本书将使用统计分析方法对调查问卷进行信度和效度分析，检验问卷的科学性。本书还将对收集到的数据开展描述性统计。本书对创新创业教育、创业意向、创业态度、主观规范、感知行为控制、创业制度环境以及创业文化开展相关性分析，以此检验各变量之间是否有显著相关的关系。本书将使用层次回归分析方法验证各变量之间的直接效应假设关系是否成立。多元线性回归分析主要用来研究一个被解释变量和多个解释变量之间的线性统计关系（唐瑞魏）。层次回归分析既可以分析模型的解释力随着解释变量增加而产生的变化，也可以根据变量的因果关系设定变量进入模型的顺序。相比于一般的多元回归分析，层次回归分析可以分析不同解释变量对被解释变量的解释力贡献情况。

二、描述性统计

本书开展描述性分析和回归分析前对原始数据进行了中心化处理。本书使用的数据中心化数学公式如下。

$$Y = X - \mu$$

其中，X表示原始数据，Y表示中心化后的数据，μ表示原始数据的平均值（魏登云、张文俊）。各变量的数据处理之后，将进一步计算出变量的个数、极值、均值、标准差、方差。本书将先后对创新创业教育、创业意向、创业态度、主观规范、感知行为控制、创业制度环境、创业文化等开展描述性统计分析。

三、控制变量

为了使研究结果更为可靠，本书将从学生层面对创新创业教育、创业意向和制度环境方面的几个变量进行控制。一些影响因素虽然不是本书研究的关键问题，但是对本书研究的主要变量可能产生影响。因此本书根据已有学者的研究成果选择性别、个体受教育经历和背景、创业经历、家庭背景情况作为本书的控制变量（Gregory John Lee、Oksana Seroka-Stolka、Kamil Fijorek、李秉成、黄叶珍、孙荣培）。为了更好地进行统计分析，本书将性别、先前创业经历、家庭背景（家庭自雇佣情况）、教育背景（学校类型、专业类别、年级层次）进行控制。

本项研究所提及的"家庭背景"特指被调研个体的"家庭自雇佣状况"，即指被调研者的父母中至少有一方为自营企业主，不论企业规模大小。同时，对于个体教育背景的考量，本研究主要聚焦在"学校类型""专业类别"以及"年级层次"这三个关键控制变量之上，以期能够为我国正在推进的创新创业教育改革实践提供坚实的理论依据与参考。

四、结构方程模型

本书旨在通过构建结构方程模型对先前提出的假设关系进行科学验证。在进行核心分析之前，为确保研究的严谨性与准确性，本书将预先对收集的数据进行正态性检验，以此判断数据是否满足以最大似然法进行参数估计的前提要求。随后，本书将系统评估对创新创业教育、创业意向、创业态度、主观规范、感知行为控制、创业制度环境以及创业文化等变量测量结果的信度与效度，同时检验这些变量之间的区分效度，以确保变量研究结果具有稳定性和可靠性。紧接着，通过路径分析技术，本书将深入探究构建的结构方程模型的整体拟合优度，并对研究假设进行实证检验，以揭示变量间的深层关联与影响机制。此外，本书还将运用方差膨胀因子（VIF）指数，对解释变量与控制变量间可能存在的多重共线性问题进行全面检测。依据相关研究成果（赵红），当VIF值位于0~10时，可判定不存在多重共线性；若VIF值位于10~100，则表明存在较强的多重共线性；而VIF值达到或超过100时，则意味着存在严重的多重共线性，需引起高度重视。最后，为进一步确保模型的稳健性，本书将采用散点图法对模型可能存在的异方差问题进行检验。具体操作上，将以标准化预测值作为横轴，标准化残差作为纵轴，绘制残差项的散点图。若散点图呈现出无序分布状态，则表明模型不存在异方差问题（姚明明），从而确保研究结果的可靠性与有效性。

如果建立的结构方程可能存在不合理的地方，会导致测量误差很大，所以需要检测所建立的结构模型质量。本书通过分析实际数据反映的关系与模型之间的拟合度来判断模型的好坏。如果模型的拟合度好，则说明模型构建的变量关系与实际数据反映的变量关系之间具有很好的一致性。本书采用获得学术界普遍接受的相对性、绝对性和模型的复杂性等指标进行检测。本书还对模型进行验证因子分析，主要检测研究模型是否按照预期方式产生效用，从而检验模型的聚合效度和区分效度（刘云、王小黎、白旭）。本书采用的具体拟合指标和建议参考值见表3-2（马君）。

表3-2 拟合指标和建议参考值

指标		建议参考值
绝对拟合指数	拟合优度检验 χ^2	越小越好
	均方根残差 RMR	小于0.05，越小越好
	拟合优度指数 GFI	大于0.9，越接近1越好
	调整的拟合优度指数 AGFI	大于0.9
	近似误差的均方根 RMSEA	小于0.05优良，小于0.08良好
	卡方与自由度比 χ^2/df	大于1小于2
相对拟合指数	正规指数 NFI	大于0.9，越接近1越好
	Tucker-Lewis 指数 TLI	大于0.9，越接近1越好
	比较拟合指数 CFI	大于0.9，越接近1越好
	递增拟合指数 IFI	大于0.9，越接近1越好
简约拟合指数	PGFI	大于0.5，越接近1越好
	PNFI	大于0.5，越接近1越好

五、假设检验方法

（1）直接效应检验方法

本书将使用多元回归分析法对研究模型中的变量开展相关性分析。例如，创新创业教育与创业意向之间的关系，创新创业教育对创业态度的影响，创新创业教育与主观规范之间的关联，创新创业教育与感知行为控制之间的互动，创业态度如何影响创业意向，主观规范如何作用于创业意向，以及感知行为控制对创业意向的调控作用。当模型检测没有问题后，本书将对控制变量、解释变量、被解释变量开展交互项分析。如果交互项分析得出ΔR^2是显著的，P<0.01，则说明具有显著相关性，假设成立（姚明明）。

（2）中介效应检验方法

本书采用巴伦和肯尼设计的中介效应四步骤检测法开展中介效应检测。该方法得到了广泛应用，很多学者使用该方法进行中介效应检测（Nowell、B.&.Izod、Ngaruiya、Boyd.N.M）。具体步骤如下所述：首先，需验证创新创业教育对创业态度是否存在显著影响；其次，需进一步检验创业态度对创业意向是否具备显著影响；接着，还需验证创新创业教育对创业意向是否具有显著影响；若前述三个关系均得以确立，则需进一步探讨创新创业教育及创业态度对创业意向是否存在显著影响。在此过程中，若创新创业教育对创业意向的影响作用有所减弱，甚至不再显著，则表明创新创业教育对创业意向的影响可能系通过创业态度这一中介因素得以实现，即创业态度的中介效应成立。至于其他中介效应的检验方法，可依照同理进行推导与验证。

（3）调节效应检验方法

本书采用调节回归分析的三步骤检测法和变量的交互项来检测technological regimes的调节效应（Nowell、Ngaruiya、Boyd.N.M）。当加入交互项时，如果ΔR^2是显著的，则调节效应是存在的（侯志阳、丁元）。调节回归分析的三步骤检测法具体为：第一，检验创新创业教育、创业态度对创业意向的影响；第二，检验创新创业教育、创业态度分别与制度环境、创业文化叠加后对创业意向的共同影响；第三，将创业态度、制度环境及其交互项纳入方程中，以便深入探究这些变量对创业意向的具体影响。同样地，我们也对创新创业教育、制度环境及其交互项进行了方程分析，以检验它们对创业意向的潜在影响。若第三个步骤中的交互项系数呈现正值且显著，则表明制度环境对创业意向具有正向调节效应；反之，若该交互项系数呈现负值且显著，则表明制度环境对创业意向存在负向调节效应（侯志阳、丁元）。对于其他调节效应的检验，我们也采用了相同的方法和逻辑。通过这样的分析，我们期望能够更全面、更深入地理解创业意向的形成机制，为相关政策的制定和创业教育的改进提供科学依据。

第四章　数据收集与分析

第一节　预调研分析

预调研测试是问卷初步设计完成后的一个重要环节。在此阶段，我们收集小规模的样本数据（样本量通常控制在100个以内，但具体数量可根据实际情况灵活调整；总体而言，预调研的样本量通常不超过500个），并对其进行信度分析和效度分析。这一步骤旨在识别并发现问卷中可能存在的问题，为后续的问卷修正和完善提供依据。经过预调研测试后，我们将得到更加完善的正式问卷，为后续的正式调研奠定坚实基础。

需要注意的是，预调研的样本数据不应纳入正式调研的样本数据范畴，以确保正式调研结果的客观性和准确性。

鉴于本研究设计的问卷中包含多个来源的量表，其中大部分量表源自国外相关领域的成熟研究，为确保这些量表在本研究中的适用性，我们特别进行了小范围的预调研。通过检验量表的信度和效度，我们旨在避免在后续正式调查问卷中出现潜在问题，从而确保研究结果的可靠性和有效性。

一、描述性统计分析

本研究以某专科院校作为目标对象进行了前期的预调研工作。在预调研阶段，共计发放电子问卷120份，经过严格的筛选与审核，成功回收有效问卷102份，问卷的有效回收率达到了85%。以下是关于预调研样本的描述性统计特征分析：

在性别分布方面，女性样本数量为18人，占总样本的17.65%；而男性样本数量为84人，占据了总样本的82.35%。

从专业类别来看，语言类专业的学生占据了绝大多数，共计84人，占比高达82.35%；相比之下，经管类专业的学生较少，仅有1人，占比0.98%；艺术类专业的学生有12人，占比为11.76%；其他专业门类的学生有5人，占比为4.9%。

在年级层次方面，由于本研究仅针对一年级学生进行调研，因此样本在年级上呈现出单一取值的特点，无需进行进一步的描述性统计分析。

关于创业经历，调研结果显示，拥有创业经历（包括参加大学生创业竞赛的经历）的学生仅有4人，占比仅为3.92%；而没有创业经历的学生高达98人，占比达到了96.08%。

在家庭背景方面，来自自雇佣家庭（即父母至少有一方拥有自营企业）的学生有18人，占总样本的17.65%；而来自非自雇佣家庭的学生则占据了大多数，共有84人，占比达到了82.35%。

预调研问卷有效样本的人口学特征相关变量分布情况如表4-1所示。

表4-1 预调研样本描述性统计表

变量	类型	频数	百分比
性别	男性	84	82.35%
	女性	18	17.65%
专业	英语	84	82.35%
	经济管理	1	0.98%
	历史	0	0%
	艺术	12	11.76%
	其他	5	4.9%

续表4-1

变量	类型	频数	百分比
创业经历	有	4	3.92%
	无	98	96.08%
父母有无创业	有	18	17.65%
	无	84	82.35%

二、信度分析

信度，亦称可靠性，是测量模型用于定性评估研究中构念有效性的关键指标。它反映了研究中所选用的量表是否能够真实、准确地反映被测变量的本质，即调查问卷的可信程度。信度分析的核心目的在于检验研究数据的真实性与可靠性，确保研究样本能够如实回答相应问题。一般而言，信度分析主要侧重于对量表题项的深入分析。量表信度的高低直接关联到测量标准误差的大小，信度越高，误差越小。在评估信度大小时，通常采用信度系数（Cronbach's a，全称为Cronbach's Alpha）作为衡量标准。关于信度检验中a系数的临界值，不同学者持有不同观点。Nunnally指出，在探索性研究中，a系数应大于0.6；而在验证性研究中，a系数则应大于0.7。Devellis则进一步细化了a系数的评价标准：a系数低于0.65的题项或量表应予以舍弃；a系数在0.65~0.70之间被视为最小可接受值；a系数在0.70~0.80之间表明题项或量表信度良好；a系数高于0.8则表明题项或量表具有极高的信度。本研究认为，当a系数大于0.7时，所使用的题项或量表可视为具有良好的信度。相反，若Cronbach's a值低于0.7，则表明题项或量表的内部一致性较低，稳定性不足，需对量表中的相关题项进行必要的删除或修改，以提升整体信度水平。

本书各变量的信度分析结果如下。

（1）创新创业教育量表

通过对创新创业教育量表开展信度检测，得出Cronbach's Alpha值为0.965，大于0.7。量表所有题项的项已删除的 Cronbach's Alpha 值都小于量表整体的Cronbach's Alpha值。具体分析结果如表4-2所示。因此，创新创业教育量表具有较好的信度，符合研究要求。

表4-2 创新创业教育量表信度分析（N=102）

条目	平均值	标准偏差	项已删除的Cronbach's Alpha	Cronbach's Alpha
IEE1	4.79	1.631	0.962	0.965
IEE2	4.87	1.513	0.958	
IEE3	5.04	1.579	0.959	
IEE4	4.99	1.532	0.959	
IEE5	5.02	1.476	0.956	
IEE6	4.99	1.589	0.959	

（2）创业意向量表

通过对创业意向量表开展信度检测，得出Cronbach's Alpha值为0.954，大于0.7。量表所有题项的项已删除的Cronbach's Alpha值都小于量表整体的Cronbach's Alpha值。具体分析结果如表4-3所示。因此，创业意向量表具有较好的信度，符合研究要求。

表4-3 创业意向量表信度分析（N=102）

条目	平均值	标准偏差	项已删除的Cronbach's Alpha	Cronbach's Alpha
EI1	4.47	1.699	0.952	0.954
EI2	4.73	1.747	0.946	
EI3	4.88	1.606	0.945	
EI4	4.87	1.657	0.938	
EI5	4.81	1.633	0.942	
EI6	4.81	1.683	0.948	

（3）创业态度量表

通过对创业态度量表开展信度检测，得出Cronbach's Alpha值为0.957，大于0.7。量表所有题项的项已删除的Cronbach's Alpha值都小于量表整体的

Cronbach's Alpha值。具体分析结果如表4-4所示。因此,创业态度量表具有较好的信度,符合研究要求。

表4-4 创业态度量表信度分析(N=102)

条目	平均值	标准偏差	项已删除的 Cronbach's Alpha	Cronbach's Alpha
PA1	4.86	1.542	0.947	0.957
PA2	4.77	1.640	0.948	
PA3	5.03	1.564	0.949	
PA4	4.93	1.575	0.941	
PA5	4.94	1.652	0.949	

(4)主观规范量表

通过对主观规范量表开展信度检测,得出Cronbach's Alpha值为0.967,大于0.7。量表所有题项的项已删除的Cronbach's Alpha值都小于量表整体的Cronbach's Alpha值。具体分析结果如表4-5所示。因此,主观规范量表具有较好的信度,符合研究要求。

表4-5 主观规范量表信度分析(N=102)

条目	平均值	标准偏差	项已删除的 Cronbach's Alpha	Cronbach's Alpha
SN1	4.91	1.503	0.961	0.967
SN2	4.96	1.469	0.949	
SN3	4.85	1.576	0.959	
SN4	4.76	1.666	0.957	

(5)感知行为控制量表

通过对感知行为控制量表开展信度检测,得出Cronbach's Alpha值为0.976,大于0.7。量表所有题项的项已删除的Cronbach's Alpha值都小于量表整体的Cronbach's Alpha值。具体分析结果如表4-6所示。因此,感知行为控制量表具有较好的信度,符合研究要求。

表4-6 感知行为控制量表信度分析（N=102）

条目	平均值	标准偏差	项已删除的 Cronbach's Alpha	Cronbach's Alpha
PBC1	4.81	1.578	0.976	
PBC2	4.88	1.543	0.970	
PBC3	4.84	1.559	0.973	0.976
PBC4	4.77	1.566	0.969	
PBC5	4.74	1.671	0.971	
PBC6	4.75	1.632	0.969	

（6）制度环境量表

制度环境量表Cronbach's a信度系数为0.978，大于0.7，属于高信度范围。但是，通过表4-7分析结果可以发现，制度环境CIP4题项已删除的Cronbach's Alpha值为0.987，大于整体量表Cronbach's Alpha值0.978。因此，制度环境量表需要删除题项CIP4重新检测。

表4-7 制度环境量表信度分析（N=102）

条目	平均值	标准偏差	项已删除的 Cronbach's Alpha	Cronbach's Alpha
CIP1	4.99	1.499	0.975	
CIP2	4.94	1.501	0.975	
CIP3	4.98	1.476	0.975	
CIP4	4.82	0.883	0.987	
CIP5	4.89	1.482	0.975	
CIP6	4.94	1.508	0.975	
CIP7	4.93	1.457	0.975	0.978
CIP8	4.93	1.457	0.974	
CIP9	4.94	1.495	0.976	
CIP10	5.06	1.420	0.975	
CIP11	5.00	1.499	0.976	
CIP12	5.10	1.439	0.975	
CIP13	4.99	1.438	0.976	

本书将题项CIP4删除后，对制度环境量表重新开展信度检测。本书分析得出Cronbach's Alpha值为0.987，而且所有题项的项已删除的Cronbach's Alpha值都小于制度环境量表整体Cronbach's Alpha值。具体分析结果如表4-8所示。后期正式调研数据所用制度环境量表为删除题项CIP4后的新量表。

表4-8 调整后制度环境量表的信度分析（N=102）

条目	平均值	标准偏差	项已删除的 Cronbach's Alpha	Cronbach's Alpha
CIP1	4.99	1.499	0.986	
CIP2	4.94	1.501	0.986	
CIP3	4.98	1.476	0.986	
CIP5	4.89	1.482	0.986	
CIP6	4.94	1.508	0.986	
CIP7	4.93	1.457	0.986	0.987
CIP8	4.93	1.457	0.985	
CIP9	4.94	1.495	0.987	
CIP10	5.06	1.420	0.986	
CIP11	5.00	1.499	0.987	
CIP12	5.10	1.439	0.986	
CIP13	4.99	1.438	0.987	

（7）创业文化量表

通过对创业文化量表开展信度检测，得出Cronbach's Alpha值为0.982，大于0.7。量表所有题项的项已删除的Cronbach's Alpha值都小于量表整体的Cronbach's Alpha值。具体分析结果如表4-9所示。因此，创业文化量表具有较好的信度，符合研究要求。

表4-9 创业文化量表信度分析（N=102）

条目	平均值	标准偏差	项已删除的 Cronbach's Alpha	Cronbach's Alpha
EC1	5.03	1.472	0.978	
EC2	4.98	1.509	0.978	
EC3	5.00	1.522	0.976	0.982
EC4	5.02	1.573	0.977	
EC5	5.00	1.489	0.982	

综上可得，本研究预调研的量表均具有较高的信度，题项内部一致性很好，可以开展正式调研，收集正式调研数据。

三、因子分析

在统计分析的框架内，因子分析被视为一种从变量集合中提取公共因子的统计技术。常用的因子分析方法主要包括探索性因子分析（EFA）和验证性因子分析（CFA）两大类。在实际应用中，尤其是在预调研问卷的建构效度评估过程中，探索性因子分析被广泛采用（林邦杰，1979）。关于因子抽取，有多种技术可供选择，如主成分分析法、主轴法、一般化最小平方法、未加权最小平方法、极大似然法以及Alpha因素抽取法等。然而，吴明隆（2008）建议研究者应优先考虑使用主成分分析法来估算因素负荷量，因其具有较为稳定和可靠的特性。

在运用探索性因子分析时，KMO值和巴特利（Bartlett's）球形检验是判断其适用性的基本前提。KMO值作为衡量变量间相关性的指标，其取值范围在0到1之间。KMO值越接近于1，表示变量间的相关性越低，因而更适宜进行因子分析。在实际应用中，KMO值通常以0.6作为判断标准，有时也可适当放宽至0.5。另外，Bartlett's球形检验则是通过判断对应的P值是否小于0.05来确定是否适合进行探索性因子分析。

在完成了KMO值和Bartlett's球形检验后，研究者还需进一步分析因子个数以及方差解释率等关键指标。一旦确定了提取的因子数量，可采用方差旋转法来明确因子与题项之间的对应关系。

（1）创新创业教育探索性因子分析

我们计算了6个相关变量的KMO值和Bartlett's球形检验结果。结果显示，创新创业教育的KMO值为0.886，显著大于0.5的临界值；同时，Bartlett's球面检验的sig值为0.000，小于0.05的显著性水平。因此，可以认为该数据集适用于探索性因子分析。通过进一步的探索性因子分析，我们发现该因子能够解释创新创业教育总方差的85.437%，且各项目在其对应维度上的负荷系数均超过0.500，表明量表内各项目的负荷表现良好，且创新创业教育的规模结构具有较高的一致性。

表4-10　创新创业教育探索性因子分析

条目	因子荷载
	1
IEE1	0.906
IEE2	0.928
IEE3	0.921
IEE4	0.924
IEE5	0.944
IEE6	0.923
方差解释	85.437%
KMO	0.886
Bartlett	0.000

（2）创业意向探索性因子分析

经过严谨的计算，我们得出了变量创业意向所包含的六个题项的KMO值以及巴特利球形检验的结果。结果显示，创业意向的KMO值为0.902，显著大于0.5的阈值；同时，巴特利球形检验的sig值为0.000，远小于0.05的显著性水平。基于上述数据，我们判定创业意向量表具备进行探索性因子分析的条件。

在随后的探索性因子分析中，我们得到了如表4-11所示的结果。分析结果显示，因子对创业意向的总方差解释率为81.431%，显示出较高的解释力度。此外，各个题项的因子载荷量均大于0.500，表明各题项与因子之间的关联度较高。因此，我们可以得出结论，创业意向量表具有良好的内部一致性结构。

表4-11 创业意向探索性因子分析

条目	因子荷载
	1
EI1	0.853
EI2	0.895
EI3	0.905
EI4	0.948
EI5	0.925
EI6	0.886
方差解释	81.431%
KMO	0.902
Bartlett	0.000

（3）创业态度探索性因子分析

经过对创业态度量表中五个题项的KMO值和巴特利球形检验结果的精确计算，我们得出了以下结论：创业态度的KMO值为0.909，该值明显高于0.5的阈值；同时，巴特利球形检验的显著性水平sig为0.000，远小于0.05的临界值。因此，根据这些统计指标，我们可以判定创业态度量表适宜进行深入的探索性因子分析。

在进一步进行探索性因子分析后，我们得到了如表4-12所示的详细结果。分析结果显示，因子对创业态度的总方差解释率高达85.404%，表明因子对创业态度的解释能力较强。此外，各个题项的因子载荷量均超过了0.500的基准值，这进一步证实了创业态度量表具备良好的内部一致性结构。

表4-12　创业态度探索性因子分析

条目	因子荷载
	1
PA1	0.922
PA2	0.921
PA3	0.915
PA4	0.947
PA5	0.916
方差解释	85.404%
KMO	0.909
Bartlett	0.000

（4）主观规范探索性因子分析

经过计算，我们得出变量主观规范包含的四个题项的KMO值及巴特利球形检验结果。其中，主观规范的KMO值为0.715，该值大于0.5，显示出较好的因子分析适宜性。同时，巴特利球形检验的显著性水平sig为0.000，远小于0.05，进一步验证了主观规范量表适合进行探索性因子分析。

随后，我们进行了探索性因子分析，其结果详见表4-13。分析表明，提取的因子能够解释主观规范总方差的93.611%，显示出较高的解释力。此外，各题项在因子上的载荷量均大于0.500，这表明主观规范量表具有较好的内部一致性结构。

表4-13　主观规范探索性因子分析

条目	因子荷载
	1
SN2	0.946
SN4	0.972
SN3	0.948
SN1	0.954

续表4-13

条目	因子荷载
	1
方差解释	93.611%
KMO	0.715
Bartlett	0.000

（5）感知行为控制探索性因子分析

经过计算，我们获得了变量感知行为控制所包含的六个题项的KMO值和巴特利球形检验结果。具体来说，感知行为控制的KMO值达到了0.888，这一数值明显高于0.5的基准值；同时，巴特利球形检验的显著性水平sig为0.000，显著小于0.05的临界值。基于上述结果，我们可以判断感知行为控制量表具备进行探索性因子分析的适宜性。

进一步地，我们开展了探索性因子分析，并得出了相应的分析结果，具体如表4-14所示。在该表中，我们可以观察到，所提取的因子能够解释感知行为控制总方差的89.378%，这显示了因子对于变量整体变异性的良好解释能力。此外，各个题项在因子上的载荷量均大于0.500，这进一步证实了感知行为量表具备较好的内部一致性结构。

表4-14 感知行为控制探索性因子分析

条目	因子载荷
	1
PBC1	0.910
PBC2	0.952
PBC3	0.937
PBC4	0.960
PBC5	0.949
PBC6	0.964
方差解释	89.378%
KMO	0.888
Bartlett	0.000

（6）制度环境探索性因子分析。

经过严谨的计算，我们得出了变量制度环境的KMO值和巴特利球形检验的结果。具体来说，制度环境的KMO值达到了0.902，这一数值显著大于0.5的标准值；同时，巴特利球形检验的sig值为0.000，远低于0.05的显著性水平。基于以上数据，我们可以判断制度环境量表适合进行探索性因子分析。

进一步的探索性因子分析结果显示，如表4-15所示，因子对制度环境的总方差解释达到了80.956%，这表明因子具有较强的代表性。同时，各个题项的因子载荷量均大于0.500，这充分证明了制度环境量表具有较好的内部一致性结构。

表4-15 制度环境探索性因子分析

条目	因子载荷		
	1	2	3
CIP1	0.953		
CIP2	0.979		
CIP3	0.963		
CIP4	0.071		
CIP5	0.971		
CIP6			0.965
CIP7			0.974
CIP8			0.974
CIP9			0.949
CIP10			0.949
CIP11			0.938
CIP12			0.956
CIP13			0.957
方差解释	80.956%		
KMO	0.902		
Bartlett	0.000		

（7）创业文化探索性因子分析。

经过严格的统计分析，我们得出了创业文化的KMO值以及巴特利球形检验的结果。具体数据显示，创业文化的KMO值为0.859，这一数值显著大于0.5的阈值标准；同时，巴特利球形检验的sig值为0.000，远小于0.05的显著性水平。基于上述结果，我们判定创业文化量表适宜进行探索性因子分析。

随后，我们进行了详尽的探索性因子分析，并将结果整理成表4-16。从表中可以清晰地看出，各因子对创业文化的总方差解释力高达93.478%，且所有题项的因子载荷量均超过了0.500的标准。这表明创业文化量表在结构上具有高度的内部一致性，显示出良好的测量属性。

表4-16 创业文化探索性因子分析

条目	因子载荷
	1
EC3	0.967
EC4	0.969
EC2	0.977
EC1	0.973
EC5	0.948
方差解释	93.478%
KMO	0.859
Bartlett	0.000

四、效度分析

研究人员需通过结构效度与内容效度两个方面对测量问卷进行效度分

析。在问卷调研过程中，内容效度的阐述常从"专家判读"和"问卷前测"两方面展开。首先，专家判读。专家具备深厚的知识储备和丰富的专业经验，若他们对问卷表示肯定，则能在一定程度上说明问卷的有效性。此处所指的专家涵盖了行业内专家、参考量表以及权威来源等制定或有所发表的专家。其次，问卷前测，即预调研。研究人员针对研究问题，对设计的量表进行预调研分析，并根据分析结果对问卷的题项进行必要的删除或修订，以确保研究的准确性。

在具体分析过程中，内容效度主要涉及研究题项的设计是否参照了成熟量表、是否获得专家的认可、是否得到同行业相关人员的支持，以及研究人员是否对问卷进行了必要的修订。本研究选取的量表充分借鉴了国内外相关领域研究的成熟成果，并经过相关研究的验证。此外，本研究在量表使用前，与本研究领域的专家进行了深入的探讨和论证。

同时，本研究针对问卷的量表题项进行了预调研，并根据预调研数据的分析结果，对问卷进行了修订，最终形成了正式的问卷。这一系列措施确保了本研究所用量表的有效性。

第二节　正式调研分析

本研究旨在深入探讨广东省高职院校学生的相关情况，研究样本经精心挑选，来自广州市45所高职院校的600名英语专业在校大学生被随机选中参与本研究。这些大学生积极参与创新创业教育，并表现出对本研究调查问卷的积极响应与配合。本研究预设该样本具备全局的代表性，旨在通过对其数据的分析，为高职院校创新创业教育的改进与发展提供科学依据。

一、调查对象与范围

样本收集主要运用现场问卷发放、邮递纸质问卷以及网络问卷调研等多种方式。本研究结合使用这些问卷发放形式，其中大部分问卷通过网络问卷平台完成收集，而部分问卷则借助其他高校工作老师进行推广，由学生填写纸质问卷信息。

本研究的数据样本选取对象为广州地区高职学生，涵盖民办与公办院校。从样本收集范围来看，研究样本覆盖广州大部分区域，涉及不同学校类型、学科类型及学生年级，共有来自45所院校的600名学生参与了问卷调研。

根据学术规范，若调查问卷的有效回收率低于70%，则表明调查问卷的效度存在问题（李怀祖，2004），需对问卷进行重新设计。本研究以"创新创业教育对高职英语专业学生创业意向的影响"为主题，共计发放问卷600份，实际回收问卷503份，样本回收率为83.8%。为确保研究数据的准确性，本研究对回收的503份问卷进行了严格筛选，剔除无效问卷后，最终获得有效问卷480份，有效问卷回收率达到95.4%，符合有效问卷回收率需超过70%的学术要求。本次调查问卷回收率较高，样本数据质量可靠，能够为本研究提供有力支撑。

二、信度分析

本书对正式样本各变量/量表的信度分析结果如下。

（1）创新创业教育量表

通过对创新创业教育量表开展信度检测，得出Cronbach's Alpha值为0.861，大于0.7。量表所有题项的项已删除的 Cronbach's Alpha 值都小于量表整体的Cronbach's Alpha值。具体分析结果如表4-17所示。因此，创新创业教育量表具有较好的信度，符合研究要求。

表4-17 创新创业教育量表信度分析（n=480）

条目	平均值	标准偏差	项已删除的 Cronbach's Alpha	Cronbach's Alpha
IEE1	4.86	1.194	0.812	0.861
IEE2	4.74	1.079	0.843	
IEE3	4.69	1.097	0.844	
IEE4	4.76	1.112	0.841	
IEE5	4.73	1.087	0.835	
IEE6	4.72	1.115	0.846	

（2）创业意向量表

通过对创业意向量表开展信度检测，得出Cronbach's Alpha值为0.915，大于0.7。量表所有题项的项已删除的Cronbach's Alpha值都小于量表整体的Cronbach's Alpha值。具体分析结果如表4-18所示。因此，创业意向量表具有较好的信度，符合研究要求。

表4-18 创业意向量表信度分析（n=480）

条目	平均值	标准偏差	项已删除的 Cronbach's Alpha	Cronbach's Alpha
EI1	4.97	1.182	0.891	0.915
EI2	4.89	1.100	0.900	
EI3	4.88	1.008	0.909	
EI4	4.86	1.129	0.905	
EI5	4.83	1.110	0.903	
EI6	4.87	1.153	0.885	

（3）创业态度量表

通过对创业态度量表开展信度检测，得出Cronbach's Alpha值为0.879，大于0.7。量表所有题项的项已删除的 Cronbach's Alpha 值都小于量表整体的Cronbach's Alpha值。具体分析结果如表4-19所示。因此，创业态度量表具有较好的信度，符合研究要求。

表4-19　创业态度量表信度分析（n=480）

条目	平均值	标准偏差	项已删除的 Cronbach's Alpha	Cronbach's Alpha
PA1	4.80	1.063	0.834	
PA2	4.69	1.005	0.865	
PA3	4.67	1.045	0.854	0.879
PA4	4.68	1.065	0.857	
PA5	4.80	1.049	0.854	

（4）主观规范量表

通过对主观规范量表开展信度检测，得出Cronbach's Alpha值为0.813，大于0.7。量表所有题项的项已删除的Cronbach's Alpha值都小于量表整体的Cronbach's Alpha值。具体分析结果如表4-20所示。因此，主观规范量表具有较好的信度，符合研究要求。

表4-20　主观规范量表信度分析（n=480）

条目	平均值	标准偏差	项已删除的 Cronbach's Alpha	Cronbach's Alpha
SN1	4.80	1.117	0.792	
SN2	4.87	1.152	0.792	0.813
SN3	4.82	1.083	0.750	
SN4	4.90	1.139	0.725	

（5）感知行为控制量表

通过对感知行为控制量表开展信度检测，得出Cronbach's Alpha值为0.876，大于0.7。量表所有题项的项已删除的Cronbach's Alpha值都小于量表整体的Cronbach's Alpha值。具体分析结果如表4-21所示。因此，感知行为控制量表具有较好的信度，符合研究要求。

表4-21 感知行为控制量表信度分析（n=480）

条目	平均值	标准偏差	项已删除的 Cronbach's Alpha	Cronbach's Alpha
PBC1	4.78	1.030	0.845	0.876
PBC2	4.74	1.000	0.869	
PBC3	4.77	0.993	0.854	
PBC4	4.80	0.998	0.855	
PBC5	4.82	1.034	0.859	
PBC6	4.80	1.042	0.844	

（6）制度环境量表

制度环境量表Cronbach's a信度系数为0.948，大于0.7，属于高信度范围，量表所有题项的项已删除的Cronbach's Alpha值都小于量表整体的Cronbach's Alpha值。具体分析结果如表4-22所示。因此，制度环境量表具有较好的信度，符合研究要求。

表4-22 制度环境量表信度分析（n=480）

条目	平均值	标准偏差	项已删除的 Cronbach's Alpha	Cronbach's Alpha
CIP1	4.68	1.479	0.941	0.948
CIP2	4.59	1.381	0.947	
CIP3	4.68	1.230	0.943	
CIP4	4.69	1.206	0.944	
CIP5	4.63	1.226	0.944	
CIP6	4.60	1.239	0.944	
CIP7	4.62	1.301	0.943	
CIP8	4.66	1.394	0.943	
CIP9	4.56	1.289	0.943	
CIP10	4.59	1.407	0.944	
CIP11	4.74	1.282	0.943	
CIP12	4.59	1.343	0.942	

（7）创业文化量表

通过对创业文化量表开展信度检测，得出Cronbach's Alpha值为0.929，大于0.7。量表所有题项的项已删除的Cronbach's Alpha值都小于量表整体的Cronbach's Alpha值。具体分析结果如表4-23所示。因此，创业文化量表具有较好的信度，符合研究要求。

表4-23 创业文化量表信度分析（n = 480）

条目	平均值	标准偏差	项已删除的Cronbach's Alpha	Cronbach's Alpha
EC1	5.37	1.407	0.899	
EC2	5.05	1.262	0.920	
EC3	5.16	1.330	0.915	0.929
EC4	5.06	1.227	0.917	
EC5	5.15	1.262	0.913	

综上可得，本研究通过问卷所收集的变量数据均属于高信度范围，可以进行下一步的分析。

三、因子分析

（一）探索性因子分析

（1）创新创业教育探索性因子分析

首先，我们对创新创业教育的六个题项进行了KMO值和巴特利球形检验，以评估其是否适合进行探索性因子分析。经过计算，创新创业教育的KMO值达到了0.887，明显高于0.5的临界值；同时，巴特利球形检验的显著性水平sig为0.000，远小于0.05，这表明创新创业教育量表具备进行探索性因子分析的条件。

随后，我们进行了探索性因子分析，结果如表4-24所示。该分析表明，因子能够解释创新创业教育的总方差达到58.999%。更为重要的是，各个题项在各自对应的维度上的载荷系数均超过了0.500，这充分证明了创新创业教育量表各题项均具备良好的负荷力，并且该量表具有一致性的结构特征。

表4-24　创新创业教育探索性因子分析

条目	因子载荷
	1
IEE1	0.866
IEE2	0.744
IEE3	0.734
IEE4	0.753
IEE5	0.777
IEE6	0.726
方差解释	58.999%
KMO	0.887
Bartlett	0.000

（2）创业意向探索性因子分析

经过严谨的统计分析，我们计算出了变量创业意向的六个题项的KMO值及巴特利球形检验结果。具体数据显示，创业意向的KMO值达到了0.915，这一数值显著大于0.5的临界值；同时，巴特利球形检验的sig值为0.000，明显低于0.05的显著性水平。基于上述数据，我们可以确信，创业意向量表完全具备进行探索性因子分析的条件。

随后，我们进行了探索性因子分析，其结果如表4-25所示。分析表明，因子能够解释创业意向的总方差达到70.132%，显示出较高的解释力度。此外，各个题项的因子载荷量均大于0.500，进一步验证了创业意向量表具有良好的内部一致性结构。这一发现为我们提供了关于创业意向量表结构稳定性的有力证据。

表4-25　创业意向探索性因子分析

条目	因子载荷
	1
EI1	0.882
EI2	0.83
EI3	0.777
EI4	0.804
EI5	0.817
EI6	0.907
方差解释	70.132%
KMO	0.915
Bartlett	0.000

（3）创业态度探索性因子分析

经过严谨的计算与分析，我们得出了关于创业态度五个题项的KMO值和巴特利球形检验结果。具体数据显示，创业态度的KMO值达到了0.875，显著高于0.5的基准值；同时，巴特利球形检验的sig值为0.000，远小于0.05的显著性水平。因此，我们有充分的理由认为，创业态度量表完全适用于进行探索性因子分析。

进一步地，探索性因子分析的结果详见于表4-26。根据该表所示，因子对创业态度的总方差解释达到了67.432%，显示了因子对创业态度的强有力解释。此外，各题项的因子载荷量均超过0.500的阈值，这充分表明创业态度量表具有出色的内部一致性结构。

表4-26　创业态度探索性因子分析

条目	因子载荷
	1
PA1	0.878
PA2	0.779
PA3	0.818

续表4-26

条目	因子载荷
	1
PA4	0.809
PA5	0.819
方差解释	67.432%
KMO	0.875
Bartlett	0.000

（4）主观规范探索性因子分析

经过严谨的计算与检验，我们得出了变量主观规范四个题项的KMO值和巴特利球形检验结果。具体数据表明，主观规范的KMO值为0.789，显著超过0.5的阈值；同时，巴特利球形检验的sig值为0.000，远低于0.05的显著性水平。基于以上数据，我们可以确信主观规范量表适宜进行探索性因子分析。

进一步的探索性因子分析结果显示，如表4-27所示，各因子共同解释了主观规范的总方差高达64.338%。同时，所有题项的因子载荷量均保持在0.500以上。这充分表明，主观规范量表在结构上展现了良好的内部一致性。

表4-27 主观规范探索性因子分析

条目	因子载荷
	1
SN1	0.757
SN2	0.758
SN3	0.829
SN4	0.86
方差解释	64.338%
KMO	0.789
Bartlett	0.000

（5）感知行为控制探索性因子分析

经过严谨的计算与分析，我们得出以下结果：对于变量感知行为控制的六个题项，其KMO值达到了0.889，这一数值显著高于0.5的门槛值。同时，巴特利球形检验的结果显示，sig值为0.000，远小于0.05的显著性水平。基于上述统计指标，我们可以确信，感知行为控制量表具备进行探索性因子分析的条件。

进一步地，探索性因子分析的结果如表4-28所示，该分析有效地解释了感知行为控制的总方差，解释比例高达61.817%。同时，各个题项的因子载荷量均大于0.500，这表明感知行为量表在结构的内部一致性上表现出色。

表4-28　感知行为控制探索性因子分析

条目	因子载荷
	1
PBC1	0.831
PBC2	0.707
PBC3	0.789
PBC4	0.783
PBC5	0.766
PBC6	0.834
方差解释	61.817%
KMO	0.889
Bartlett	0.000

（6）制度环境探索性因子分析

经过严谨的计算与检验，我们获得了关于变量制度环境的KMO值以及巴特利球形检验的结果。具体而言，制度环境的KMO值达到了0.937，这一数值显著高于0.5的标准值，表明该变量具有良好的因子分析条件。此外，巴特利球形检验的结果显示，sig值为0.000，远小于0.05的显著性水平，进一步证实了制度环境量表适合进行探索性因子分析。

探索性因子分析的结果详见于表4-29。根据分析，因子对制度环境的总方差解释率达到了63.885%，显示出较高的解释力度。同时，各个题项的因子载荷量均大于0.500，这表明制度环境量表在结构上具有良好的内部一致性。

表4-29 制度环境探索性因子分析

条目	因子载荷
	1
CIP1	0.864
CIP2	0.701
CIP3	0.803
CIP4	0.783
CIP5	0.78
CIP6	0.792
CIP7	0.796
CIP8	0.8
CIP9	0.811
CIP10	0.779
CIP11	0.825
CIP12	0.845
方差解释	63.885%
KMO	0.937
Bartlett	0.000

（7）创业文化探索性因子分析

经过严谨的计算与评估，我们得出了创业文化相关的关键统计数据。具体而言，创业文化的KMO值达到了0.898，这一数值显著高于0.5的基准线，表明数据适宜进行因子分析。此外，巴特利球形检验的结果也极为显著，sig值为0.000，远低于0.05的显著性水平，进一步印证了创业文化量表适合进行探索性因子分析的判断。

在探索性因子分析的详细结果中，如表4-30所示，各因子共同解释了创业文化总方差的78%，显示出较高的解释力度。同时，各题项的因子载荷量均大于0.500，这一结果充分证明了创业文化量表具有优秀的内部一致性结构，为后续研究提供了坚实的基础。

表4-30 创业文化探索性因子分析

条目	因子载荷
	1
EC1	0.929
EC2	0.856
EC3	0.878
EC4	0.867
EC5	0.883
方差解释	78%
KMO	0.898
Bartlett	0.000

（二）利用Amos 23.0进行验证性因子分析

验证性因子分析是一种针对调查数据进行的统计分析手段，旨在检验某一因子与其对应观测变量之间的实际关系是否与研究者事先设定的理论关系相吻合。此方法最早由瑞典统计学家系统提出，并构建了一套完整的理论和方法体系。其核心理念在于，研究者依据已有理论和知识，提出相应假设并进行逻辑推理，逐步构建出一组变量间关系的理论模型。研究的主要目标是基于理论假设，通过对比理论与实际数据的一致性，进而验证并不断完善相关理论。

（1）创新创业教育的验证性因子分析

在本次调研中，我们已收集到相关数据，并将其与创新创业教育量表模型进行了精确匹配。随后，运用最大似然法进行了参数估计，得出了创新创业教育量表的CFA运算结果，如图4-1所示。

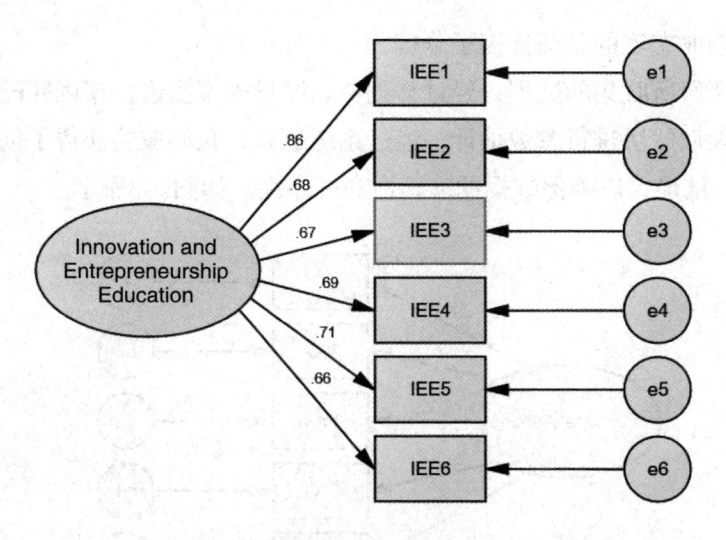

图4-1　创新创业教育验证性因子分析模型

（2）创业意向的验证性因子分析

在本次调研中，我们收集到的数据已被严格地与创业意向量表模型相匹配。为获取更为精确的结果，我们采用了最大似然法进行参数估计。经过严谨的运算处理，我们得出了创业意向量表的CFA结果，如图4-2所示。

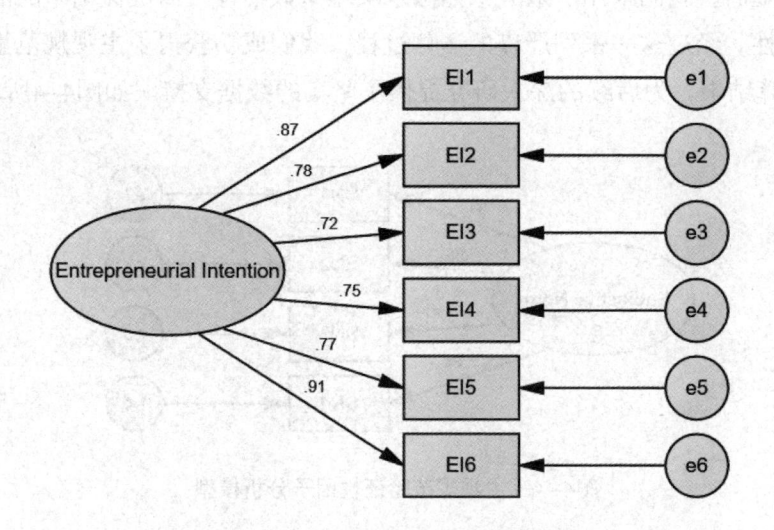

图4-2　创业意向验证性因子分析模型

（3）创业态度的验证性因子分析

本次调研所收集的数据，经过与创业态度量表模型进行精确匹配，采用严谨的最大似然法进行参数估计。经过系统运算，我们成功获得了创业态度量表的CFA结果，以确保数据的准确性和可靠性。如图4-3所示。

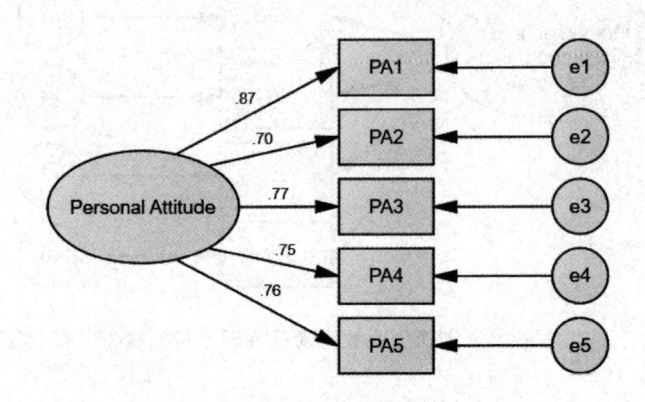

图4-3　创业意向验证性因子分析模型

（4）主观规范的验证性因子分析

在本次调研中，我们收集到的数据被精准地与主观规范量表模型进行了匹配。随后，我们采用了最大似然法来实施参数估计，以确保结果的准确性和可靠性。经过这一系列严谨的运算过程，我们成功获得了主观规范量表的CFA运算结果，为后续的深入研究提供了坚实的数据支持。如图4-4所示。

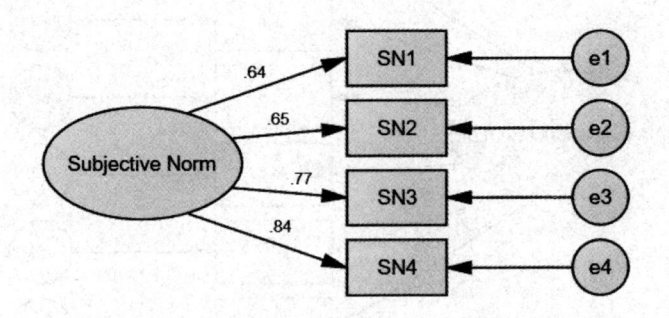

图4-4　主观规范验证性因子分析模型

(5）感知行为控制的验证性因子分析

本次调研所获取的数据已与感知行为控制量表模型进行精准匹配，并采用了最大似然法进行参数估计。通过一系列严谨的运算过程，我们成功得出了感知行为控制量表的CFA结果。如图4-5所示。

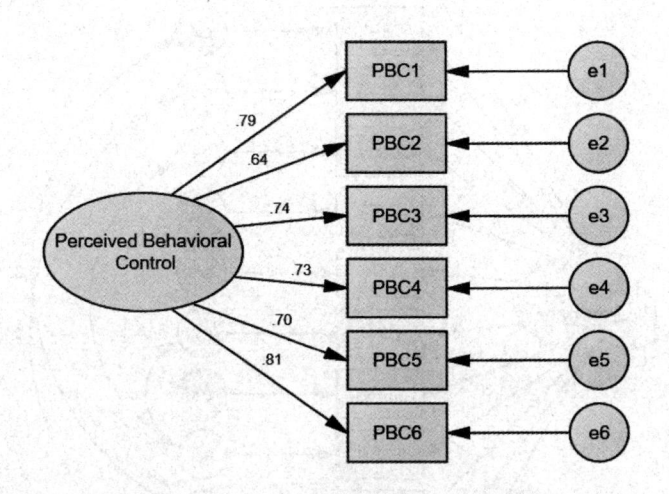

图4-5　感知行为控制验证性因子分析模型

(6）制度环境的验证性因子分析

本次调研所获取的数据已被精准地与制度环境量表模型进行匹配，通过运用最大似然法进行参数估计，我们成功得出了制度环境量表的CFA运算结果。如图4-6所示。

在对模型进行修正时，通常我们会依据观察模型修正指数MI值来。若两个残差项间的MI值呈现较高水平，这在一定程度上表明这两个测量题项间存在显著的关联性，因此有必要在模型中增加相应的共变相关关系。通过深入分析本研究模型，我们注意到e2—e10、e3—e11、e4—e9以及e7—e9这些残差对之间的MI修正指数值显著偏高。基于上述观察结果，我们决定对模型进行相应的修正，以提升其拟合度和解释力。

(7）创业文化的验证性因子分析

本次调研所获取的数据已经成功与创业文化量表模型相匹配。为获取创业文化量表的准确分析结果，我们运用了严谨的最大似然法进行参数估计。

通过这一过程，我们得出了创业文化量表的CFA（验证性因素分析）运算结果，从而确保了数据分析的客观性、准确性和科学性。如图4-7所示。

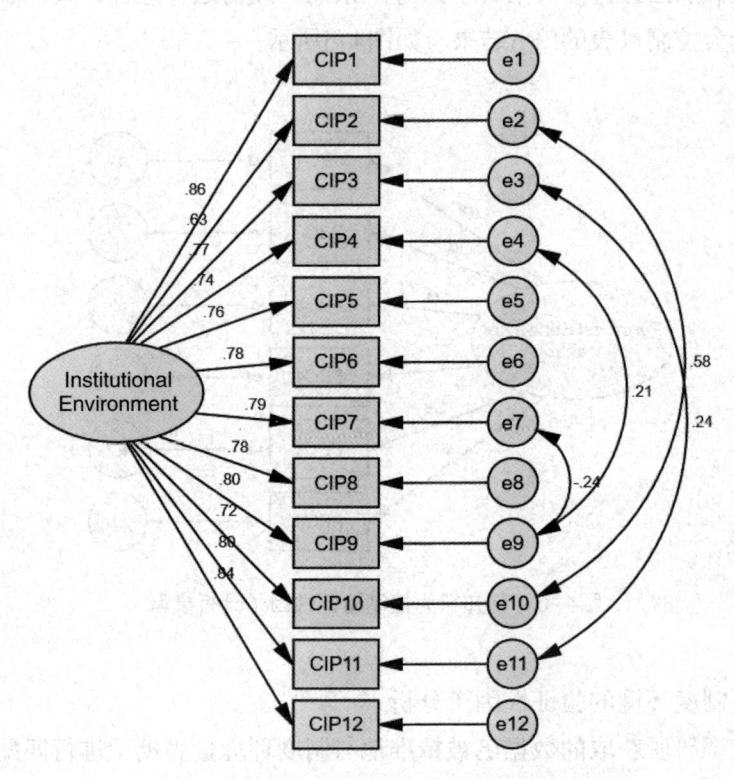

图4-6 制度环境验证性因子分析模型

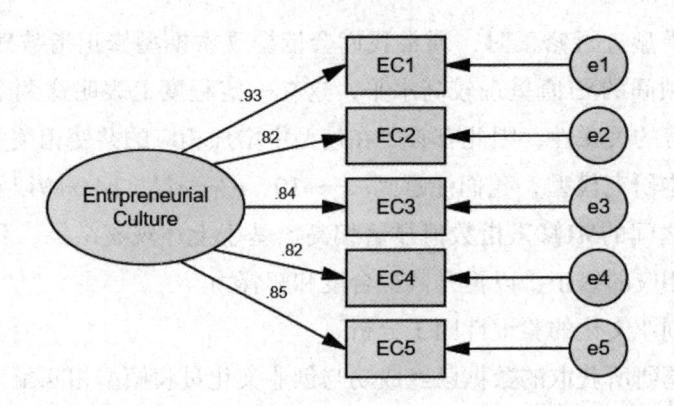

图4-7 创业文化验证性因子分析模型

一般情况下，在AMOS软件中可以通过检查几个拟合度指数来评估一个模型的拟合效果。本研究效度检验的验证性因子分析中，创新创业教育、创业意向、创业态度、主观规范、感知行为控制、制度环境、创业文化的模型拟合指数整理汇总，如表4-31所示。

表4-31 模型拟合指数

Model	X^2	df	X^2/df	RMSEA	RMR	GFI	AGFI	TLI	CFI	NFI
IEE	10.484	9	1.165	0.019	0.018	0.993	0.984	0.998	0.999	0.991
EI	13.929	9	1.548	0.034	0.016	0.99	0.978	0.996	0.997	0.993
PA	7.77	5	1.554	0.034	0.015	0.993	0.98	0.995	0.998	0.993
SN	2.851	2	1.425	0.03	0.014	0.997	0.985	0.996	0.999	0.996
PBC	32.044	9	3.56	0.073	0.026	0.979	0.951	0.97	0.982	0.975
CIP	221.34	50	4.472	0.085	0.049	0.938	0.903	0.949	0.961	0.951
EC	12.642	5	2.528	0.056	0.019	0.989	0.968	0.992	0.996	0.993

据上表结果可知：在各变量的验证性因子分析模型中，模型适配度指标中的X^2/df值<5，RMSEA值<0.1，RMR值<0.050，GFI值>0.900，AGFI值>0.900，TLI值>0.9，CFI值>0.900，NFI值>0.900，所有拟合优度指标均达到了模型可以适配的标准。通常情况下，GFI值与AGFI值被视为绝对适配指标（Absolute Indexes of Fit）（吴明隆，2010）。

组合信度（CR）作为衡量模型内在质量的重要指标之一，它反映了每个潜变量内所有题项是否能够具一致性地解释该潜变量。根据表4-32数据，组合信度CR均超过0.7的临界值，这意味着每个潜变量中的所有题项均能够保持一致性，并有效解释该潜变量的内涵。

各维度的聚敛效度则通过平均方差萃取量（AVE）来衡量。AVE能够直接体现潜在变量所解释的变异量中有多大比例来源于测量误差。一般而言，

AVE值越大，表明测量变量被潜在变量解释的变异量百分比越低，相应的测量误差则越小。在实际操作中，通常要求AVE值至少达到0.5。从表4-32中可见，所有题项的AVE值均超过标准值0.5，这充分证明了本书所使用的量表具有较好的聚敛效度。

表4-32 所有变量的验证性因子分析结果

Variables	Items	Estimate	CR	AVE
创新创业教育	IEE1	0.863	0.862	0.512
	IEE2	0.683		
	IEE3	0.671		
	IEE4	0.687		
	IEE5	0.71		
	IEE6	0.657		
创业意向	EI1	0.871	0.915	0.644
	EI2	0.78		
	EI3	0.72		
	EI4	0.751		
	EI5	0.767		
	EI6	0.909		
创业态度	PA1	0.866	0.880	0.595
	PA2	0.702		
	PA3	0.765		
	PA4	0.749		
	PA5	0.765		

续表4-32

Variables	Items	Estimate	CR	AVE
主观规范	SN1	0.642	0.818	0.532
	SN2	0.652		
	SN3	0.766		
	SN4	0.838		
感知行为控制	PBC1	0.794	0.877	0.544
	PBC2	0.635		
	PBC3	0.744		
	PBC4	0.73		
	PBC5	0.703		
	PBC6	0.806		
制度环境	CIP1	0.864	0.947	0.602
	CIP2	0.631		
	CIP3	0.773		
	CIP4	0.744		
	CIP5	0.764		
	CIP6	0.776		
	CIP7	0.79		
	CIP8	0.778		
	CIP9	0.802		
	CIP10	0.718		
	CIP11	0.804		
	CIP12	0.839		

续表4-32

Variables	Items	Estimate	CR	AVE
创业文化	EC1	0.929	0.930	0.726
	EC2	0.817		
	EC3	0.837		
	EC4	0.821		
	EC5	0.851		

四、共同方法偏差检验

本研究为了防止出现共同方法偏差的问题，所以采用了因子分析法，检验未经旋转的第一个因子份解释方差的比率，若小于40%，则说明不存在共同方法偏差。本研究第一个因子份解释方差为26.625%，小于40%，说明本研究不存在共同方法偏差（表4-33）。

表4-33 共同方法偏差检验

成份	初始特征值			提取平方和载入		
	合计	方差%	累积%	合计	方差%	累积%
1	11.715	26.625	26.625	11.715	26.625	26.625
2	6.435	14.624	41.249	6.435	14.624	41.249
3	3.041	6.91	48.159	3.041	6.91	48.159
4	2.605	5.92	54.079	2.605	5.92	54.079
5	2.058	4.676	58.755	2.058	4.676	58.755
6	1.912	4.345	63.1	1.912	4.345	63.1
7	1.452	3.3	66.401	1.452	3.3	66.401

五、效度分析

效度通过比较各变量 AVE 值的平方根与变量间皮尔逊相关系数的大小来区分判断，当各变量 AVE 值开平方取值大于各变量间的相关系数，表明具有较好的区分效度（表4-34）。

表4-34 效度分析

	创新创业教育	创业意向	创业态度	主观规范	感知行为控制	制度环境	创业文化
创新创业教育	0.716						
创业意向	0.356	0.802					
创业态度	0.440	0.360	0.771				
主观规范	0.443	0.406	0.358	0.729			
感知行为控制	0.344	0.347	0.326	0.404	0.738		
制度环境	0.206	0.258	−0.006	0.124	0.210	0.776	
创业文化	0.311	0.479	0.224	0.294	0.413	0.285	0.852
AVE	0.512	0.644	0.595	0.532	0.544	0.602	0.726

注：对角线处为AVE的平方根值，对角线以下为变量间的相关性系数。

根据表4-34所示，各维度的AVE值均超过0.5，并且AVE的平方根数值显著大于各变量间的相关性系数。这一结果表明，量表中的各变量间展现出了优异的收敛效度和区别效度。

第五章　实证分析与假设检验

　　本章研究借助统计分析软件SPSS 26，采用严谨的多元线性回归分析方法，对本研究所收集的问卷数据进行了深入的分析与处理，并以此为基础，对第二章研究模型中提出的各项假设进行了实证检验。具体而言，首先，本研究对收集到的数据进行了描述性统计和相关性检验，以了解数据的分布情况以及各变量之间的关联程度。随后，利用方差分析对数据进行了进一步的探讨，旨在揭示不同因素对数据变化的影响。最后，本研究对研究假设进行了验证性统计分析，通过科学的方法对假设进行了逐一验证，并对假设检验的结果进行了全面的分析总结。整个研究过程严格遵循统计学的原理和方法，确保了研究结果的准确性和可靠性。

第一节 描述性统计与相关性分析

一、样本描述性统计分析

关于调查问卷的发放与收集事宜，已在本书第四章中进行了详尽的叙述。本研究共计发放问卷600份，最终成功收集到有效研究样本480份。这些样本分布于中国广东省内的45所高职院校之中，显示出样本分布的广泛性与代表性，从而确保了本研究的普遍性与可靠性。

通过对480位有效被试者的背景信息进行统计，在性别方面，男性有305人，占比为63.5%，女性有175人，占比为36.5%。

在专业门类方面，理工类有278人，占比为57.9%，英语类有36人，占比为7.5%，文史类有50人，占比为10.4%，艺术类有43人，占比为9.0%，其他专业有73人，占比为15.2%，其中理工类专业占比最多。

在年级方面，一年级有268人，占比为55.8%，二年级有147人，占比为30.6%，三年级有65人，占比为13.5%，其中大多数为一年级被试。

在有无创业经历方面，有过的有32人，占比为6.7%，没有过创业经历的有448人，占比为93.3%，大多数被试没有过创业经历。

在有无家庭自营企业方面，有家庭自营企业的有92人，占比为19.2%，没有家庭自营企业的有388人，占比为80.8%，大多数被试者家庭都没有自营企业。

有效问卷的样本人口学特征相关数据分布情况，如表5-1所示。

表5-1 样本特征

背景信息	类别	频数	百分比（%）
性别	男	305	63.5
	女	175	36.5

续表

背景信息	类别	频数	百分比（%）
专业门类	理工类	278	57.9
	英语类	36	7.5
	文史类	50	10.4
	艺术类	43	9.0
	其他	73	15.2
年级	一年级	268	55.8
	二年级	147	30.6
	三年级	65	13.5
有过创业经历	是	32	6.7
	否	448	93.3
有家庭自营企业	是	92	19.2
	否	388	80.8

二、相关性分析

事物间的联系若不能直接归为因果关系，则这种关系被称作相关关系。在管理学实证研究领域，研究者普遍运用Pearson相关矩阵来深入剖析任意两变量间的关联。本书亦尝试借助Pearson相关分析，探究本研究中各变量之间的潜在联系。Pearson系数，通常以r表示，其取值范围在-1~1，用以揭示两变量间关系的方向及其变化强度的大小。当系数值接近-1或1时，表明变量间的相关性愈发显著。

本书进一步对影响高职学生创业意向的诸多变量进行了详尽的相关性分析，具体结果如表5-2所示。从表中数据可见，本书所研究的7个潜在变量（除创业态度与制度环境外）在统计分析上均呈现出显著的正相关性，其相关系数对应的P值均低于0.01的显著性水平，具备统计学上的重要意义。然

表5-2 相关性分析

	性别	有过创业经历	有家庭自营企业	创新创业教育	创业意向	创业态度	主观规范	感知行为控制	制度环境	创业文化
性别	1.046									
有过创业经历	.116*	1.207								
有家庭自营企业	0.017	.358**	1.161							
创新创业教育	-.136**	-.099*	-.103*	1.523						
创业意向	-.138**	-.223**	-.110*	.356**	1.000					
创业态度	-.090*	-0.039	-0.038	.440**	.360**	1.363				
主观规范	-0.083	-.120**	-0.04	.443**	.406**	.358**	1.418			
感知行为控制	-.110*	-.090*	-0.055	.344**	.347**	.326**	.404**	1.430		
制度环境	0.038	0.089	0.038	.206**	.258**	-0.006	.124**	.210**	1.174	
创业文化	0.001	-.153**	-.118*	.311**	.479**	.224**	.294**	.413**	.285**	1.361
均值	1.360	1.930	1.810	4.751	4.883	4.726	4.848	4.784	4.637	5.157
标准差	0.482	0.250	0.394	0.856	0.933	0.858	0.899	0.798	1.050	1.147

注：**$P<0.01$，*$P<0.05$，对角线处为各个变量的VIF值。

而，创业态度对制度环境之间的相关性系数仅为-0.006，其显著性水平高于0.05，因此可以判定二者之间不存在显著的相关性。

此外，为评估多元线性回归模型中的多重共线程度，本书引入了方差膨胀系数（Variance Inflation Factor，VIF）作为衡量指标。一般而言，当VIF值小于5时，可认为模型中的多重共线性处于较低水平。在本研究中，各变量的VIF值均低于5，具体为：创新创业教育的VIF值为1.523，性别的VIF值为1.046，有过创业经历的VIF值为1.207，有家庭自营企业的VIF值为1.161，创业态度的VIF值为1.363，主观规范的VIF值为1.418，感知行为控制的VIF值为1.430，制度环境的VIF值为1.174，创业文化的VIF值为1.361。由此可见，各变量间不存在明显的多重共线性问题。

第二节 差异性分析

一、独立样本t检验

独立样本t检验旨在检验两样本均数间差异的显著性。进行t检验时，需明确两个总体的方差是否等同；t检验值的计算会因方差是否一致而有所差异。因此，在进行t检验时，需根据方差齐性检验的结果来确定最终的差异结果。在SPSS软件中，除了进行均值方程的t检验外，还需进行方差方程的Levene检验。

在方差方程的Levene检验中，若Sig值大于0.05，则表示两方差无显著差异，即方差齐性。此时，应参考假设方差相等的t检验结果，即方差齐性情况下的t检验结论。而在均值方程的t检验中，若Sig值小于0.05，则表明两样本均数之间存在显著性差异。

反之，若方差方程的Levene检验中Sig值小于0.05，则表示方差齐性检验存在显著差异，即两样本方差不齐。此时，应查看假设方差不相等的t检验结果，即方差不齐情况下的t检验结论。同样，在均值方程的t检验中，若Sig值小于0.05，则表明两样本均数之间存在显著性差异。

（1）不同性别于创业意向的差异分析

表5-3　不同性别于创业意向的差异分析

	性别	均值	标准差	t	P
创业意向	男	4.980	0.903	3.053	0.002
	女	4.712	0.962		

通过独立样本t检验对不同性别于创业意向进行对比分析，得到以上结论，不同性别在创业意向变量上存在显著性差异（$P<0.05$），通过观察平均值可以看出：男性的创业意向平均得分为4.980，明显高于女性的创业意向平均得分4.712。

（2）有无创业经历于创业意向的差异分析

表5-4　有无创业经历于创业意向的差异分析

	有无创业经历	均值	标准差	t	P
创业意向	有	5.661	1.097	4.201	0.000
	无	4.827	0.896		

通过独立样本t检验对有无创业经历于创业意向进行对比分析，得到以上结论，有无创业经历在创业意向变量上存在显著性差异（$P<0.05$），通过观察平均值可以看出：有创业经历的被试者创业意向平均得分为5.661，明显高于无创业经历被试者的创业意向平均得分4.827。

（3）有无家庭自营企业于创业意向的差异分析

表5-5　有无家庭自营企业于创业意向的差异分析

	家庭自营企业	均值	标准差	t	P
创业意向	有	5.092	0.939	2.410	0.016
	无	4.832	0.9266		

通过独立样本t检验对有无家庭自营企业于创业意向进行对比分析,得到以上结论,有无家庭自营企业在创业意向变量上存在显著性差异($P<0.05$),通过观察平均值可以看出:有家庭自营企业的被试者创业意向平均得分为5.092,明显高于无家庭自营企业被试者的创业意向平均得分4.832。

二、方差分析(ANOVA)

单因素方差分析(One-way ANOVA),用于完全随机设计的多个样本均数间的比较,其统计推断是推断各样本所代表的各总体均数是否相等,若P值小于0.05,则说明存在显著性差异。

(1)不同专业于创业意向的差异分析

表5-6　不同专业于创业意向的差异分析

	专业	均值	标准差	F	P	LSD事后检验
创业意向	①理工类	5.099	0.869	11.902	0.000	①>③⑤; ②>⑤; ④>⑤
	②英文类	4.805	0.690			
	③文史类	4.500	0.707			
	④艺术类	4.814	0.98			
	⑤其他	4.397	1.106			

通过单因素方差分析对不同专业于创业意向进行对比分析,得到以上结论,不同专业在创业意向变量上存在显著性差异($P<0.05$)。对有显著性意义的结果进行LSD事后检验,查看各个专业内部的差异性,具体结果为:在创业意向方面,理工类被试者的创业意向平均得分为5.099,明显高于文史类(4.500)和其他类专业(4.397);而英文类(4.805)也明显高于其他类专业;艺术类(4.814)也明显高于其他类专业。

（2）不同年级于创业意向的差异分析

表5-7　不同年级于创业意向的差异分析

	年级	均值	标准差	F	P	LSD事后检验
创业意向	①一年级	4.821	0.966	7.058	0.001	③>①②
	②二年级	4.819	0.811			
	③三年级	5.282	0.969			

通过单因素方差分析对不同年级于创业意向进行对比分析，得到以上结论，不同年级在创业意向变量上存在显著性差异（$P<0.05$）。对有显著性意义的结果进行LSD事后检验，查看各个年级内部的差异性，具体结果为：在创业意向方面，三年级被试者的创业意向平均得分为5.282，明显高于一年级被试（4.821）和二年级被试（4.819）。

第三节　主效应假设检验

一、虚拟变量处理

在多元回归分析中，若存在分类变量（亦称为"名义变量"，通常涉及两个或以上的分类，且这些变量本身并不具备等级排序的特性），则必须对名义变量进行数值编码，即实施变量的虚拟化处理（李静薇，2013）。因此，本研究对分类变量进行了虚拟化处理，以转化为虚拟变量形式参与回归分析。具体而言，本研究对模型设计中的名义变量进行了虚拟化处理，其中涵盖了控制变量中的"性别""专业类别""年级层次""创业经历"，以及"有无家庭自营企业"这六个名义变量。经过虚拟化处理后的具体转化结果如下：

（1）"性别"数值编码

性别这一原变量在研究中采用数字1和2分别代表男性和女性。为便于分析，特以女性为参照组，对性别进行数值编码处理，具体编码方式详见表5-8。

表5-8 "性别"的数值编码

原变量	虚拟变量赋值
1 男	1
2 女	0

（2）"专业类别"的数值编码

在专业的分类上，我们采用数字1~5分别对"理工类""英文类""文史类""艺体类"及"其他"等专业类型进行标识。在研究过程中，我们选取"其他"专业类型作为参照组，并对"专业类别"进行了数值编码处理，详情如表5-9所示。

表5-9 "专业类别"的数值编码

原变量	虚拟变量赋值			
	虚拟1	虚拟2	虚拟3	虚拟4
1 理工类	1	0	0	0
2 英文类	0	1	0	0
3 文史类	0	0	1	0
4 艺体类	0	0	0	1
5 其他	0	0	0	0

（3）"年级层次"的数值编码

年级层次这一变量，原本采用数字1~3来分别标识一年级、二年级和三年级。现以三年级作为参照基准，对"年级层次"变量进行数值编码处理，具体编码方式参见表5-10。

表5-10 "年级"的数值编码

原变量	虚拟变量赋值	
	虚拟1	虚拟2
1 一年级	1	0
2 二年级	0	1
3 三年级	0	0

(4)"创业经历"的数值编码

本研究对创业经历进行了深入的探讨，其中数字1和2分别用于标识个体是否具备短期创业经历。为了确保研究的准确性和客观性，特选定无创业经历的群体作为参照组，以便更好地分析创业经历所带来的影响。同时，为了便于数据的处理与分析，我们对"创业经历"这一变量进行了数值编码处理，具体的编码方式如表5-11所示。

表5-11 "创业经历"的数值编码

原变量	虚拟变量赋值
1 有	1
2 无	0

(5)"有无家庭自营企业"的数值编码

关于家庭自营企业的存在情况，我们设定了两个原变量，即1代表存在家庭自营企业，而2代表不存在家庭自营企业。为便于分析，我们选定"无家庭自营企业"作为参照组，并对"自雇佣经历"这一类别进行了相应的编码处理，具体如表5-12所示。

表5-12 "自雇佣经历"的数值编码

原变量	虚拟变量赋值
1 有	1
2 无	0

二、回归分析

在数据分析领域中,回归分析作为一种应用广泛的统计分析方法,扮演着至关重要的角色。它主要用于深入剖析不同变量之间的依赖关系,特别是变量间相互变化的规律,这是其重点关注的内容。回归分析通过构建回归方程来精确描述和反映这种变量间的关联,使得我们能够清晰地了解一个变量如何受到其他变量的影响,以及这种影响的程度如何。这种深入的理解不仅有助于我们准确认识变量间的相互作用机制,而且为后续的预测工作提供了坚实可靠的依据。

（1）创新创业教育对创业意向的回归分析

表5-13　创新创业教育对创业意向的回归分析

变量	标准系数	t
（常量）		13.28***
性别编码	0.036	0.782
理工类	0.293	4.961***
英文类	0.087	1.814
文史类	0.007	0.142
艺体类	0.128	2.616**
一年级	−0.307	−4.682***
二年级	−0.201	−3.188**
创业经历编码	0.16	3.64***
自雇佣经历编码	−0.008	−0.188
创新创业教育	0.278	6.66***
R^2	\multicolumn{2}{c	}{0.244}
调整后的R^2	\multicolumn{2}{c	}{0.228}
F	\multicolumn{2}{c	}{51.177***}
D-Watson	\multicolumn{2}{c	}{0.333}

注：*P<0.05，**P<0.01，***P<0.001。

上表（表5-13）的回归分析是以人口背景信息为控制变量，创新创业教育变量对创业意向变量的回归分析，回归模型R方值为0.244，证明可以利用自变量解释24.4%的因变量变异情况，F检验所获得的统计值为51.177，对应的p值为0.000，小于0.001，说明该模型设定合理。

从回归系数可知，在各个人口背景信息的控制作用下，创新创业教育变量对创业意向变量的标准化回归系数的大小为0.278，$t=6.66$，$P<0.001$，证明创新创业教育变量对创业意向变量存在正向影响作用，故假设H1成立。

（2）创新创业教育对创业态度的回归分析

表5-14 创新创业教育对创业态度的回归分析

变量	标准系数	t
（常量）		11.638***
性别编码	0.042	0.901
理工类	0.105	1.739
英文类	0.014	0.296
文史类	0.044	0.847
艺体类	0.032	0.648
一年级	−0.19	−2.847**
二年级	−0.129	−2.017*
创业经历编码	−0.016	−0.347
家庭自营企业编码	−0.019	−0.428
创新创业教育	0.421	9.899***
R^2	0.215	
调整后的R^2	0.199	
F值	12.866***	
D-Watson	1.824	

注：*$P<0.05$，**$P<0.01$，***$P<0.001$。

经过严谨分析，表（表5-14）的所示的回归分析以人口背景信息为控制变量，深入探讨了创新创业教育变量对创业态度变量的影响。回归模型的

R方值为0.215，这一数值表明，自变量能够解释因变量变异的21.5%。此外，F检验所得统计值为12.866，其对应的P值显著小于0.001，具体为0.000，充分证明了该回归模型的合理性。

进一步观察回归系数，我们发现在各个人口背景信息的控制作用下，创新创业教育变量对创业态度变量的标准化回归系数为0.421。此外，t值为9.899，且P值小于0.001，这一结果有力地支持了创新创业教育变量对创业态度变量存在正向影响作用的观点。因此，我们可以确认假设H2a成立。

（3）创业态度对创业意向的回归分析

表5-15　创业态度对创业意向的回归分析

变量	标准系数	t
（常量）		12.965***
性别编码	0.032	0.712
理工类	0.289	4.92***
英文类	0.093	1.945
文史类	−0.018	−0.352
艺体类	0.13	2.69**
一年级	−0.275	−4.197***
二年级	−0.19	−3.023**
创业经历编码	0.171	3.925***
家庭自营企业编码	0.008	0.176
创业态度	0.291	7.109***
R^2	0.253	
调整后的R^2	0.238	
F值	15.924***	
D-Watson	0.361	

注：*P<0.05，**P<0.01，***P<0.001。

表（表5-15）回归分析采用人口背景信息作为控制变量，针对创业态度变量对创业意向变量的影响进行了深入分析。回归模型的R方值为0.253，表明自变量能够解释因变量变异情况的25.3%。此外，通过F检验得出的统计值为15.924，其对应的P值显著小于0.001，具体为0.000，这充分证明了所构建的回归模型具备合理性。

进一步分析回归系数，在控制各个人口背景信息的影响后，创业态度变量对创业意向变量的标准化回归系数大小为0.291。同时，t值为7.109，且P值小于0.001，这表明创业态度变量对创业意向变量具有显著的正向影响作用。因此，可以确认假设H2b成立。

（4）创新创业教育对主观规范的回归分析

表5-16 创新创业教育对主观规范的回归分析

变量	标准系数	t
（常量）		11.143***
性别编码	0.028	0.604
理工类	−0.022	−0.361
英文类	−0.022	−0.444
文史类	−0.02	−0.382
艺体类	−0.087	−1.755
一年级	−0.082	−1.233
二年级	−0.064	−0.991
创业经历编码	0.081	1.809
家庭自营企业编码	−0.042	−0.942
创新创业教育	0.434	10.202***
R^2	0.213	
调整后的R^2	0.196	
F值	12.685***	
D-Watson	1.690	

注：*P<0.05，**P<0.01，***P<0.001。

表（表5-16）所展示的回归分析，是以人口背景信息作为控制变量，针对创新创业教育变量对主观规范变量进行的深入分析。在此回归模型中，

R方值达到0.213，表明自变量能够解释主观规范变量中21.3%的变异情况。此外，通过F检验得到的统计值为12.685，其对应的P值显著小于0.001，从而证实了该回归模型的设定是合理且有效的。

进一步观察回归系数，我们发现，在各个人口背景信息的控制作用下，创新创业教育变量对主观规范变量的标准化回归系数具体数值为0.434。与此同时，t检验的值为10.202，且P值小于0.001，这一结果充分证明了创新创业教育变量对主观规范变量具有显著的正向影响作用。因此，我们可以确认假设H3a是成立的。

（5）主观规范对创业意向的回归分析

表5-17 主观规范对创业意向的回归分析

变量	标准系数	t
（常量）		12.292***
性别编码	0.033	0.746
理工类	0.322	5.667***
英文类	0.103	2.212*
文史类	0.004	0.087
艺体类	0.168	3.562***
一年级	−0.297	−4.688***
二年级	−0.2	−3.286**
创业经历编码	0.137	3.208**
家庭自营企业编码	0.015	0.351
主观规范	0.351	8.849***
R^2	0.291	
调整后的R^2	0.276	
F值	19.281***	
D-Watson	0.406	

注：*$P<0.05$，**$P<0.01$，***$P<0.001$。

表（表5-17）的回归分析，是以人口背景信息作为控制变量，针对主观规范变量对创业意向变量的影响进行的深入探究。回归分析结果显示，回归模型的R方值为0.291，这充分表明，通过自变量能够解释因变量变异的29.1%的情况。同时，经过F检验，我们获得了统计值为19.281的结果，与之对应的P值为0.000，这一数值显著小于0.001的临界值，从而证实了该回归模型的设定是合理且有效的。

进一步观察回归系数，我们可以发现，在各个人口背景信息的控制作用下，主观规范变量对创业意向变量的标准化回归系数大小为0.351，t值为8.849，且P值小于0.001。这一结果表明，创业态度变量对创业意向变量具有显著的正向影响作用。因此，我们得以确认，假设H3b是成立的。

（6）创新创业教育对感知行为控制的回归分析

表5-18　创新创业教育对感知行为控制的回归分析

变量	标准系数	t
（常量）		13.371***
性别编码	−0.003	−0.063
理工类	0.204	3.253**
英文类	0.057	1.123
文史类	0.072	1.342
艺体类	0.06	1.158
一年级	0.043	0.615
二年级	−0.017	−0.249
创业经历编码	0.049	1.056
家庭自营企业编码	0.001	0.026
创新创业教育	0.311	7.021***
R^2	0.149	
调整后的R^2	0.131	
F值	8.209***	
D-Watson	1.655	

注：*P<0.05，**P<0.01，***P<0.001。

根据表（表5-18）回归分析的结果，本研究以人口背景信息作为控制变量，探讨了创新创业教育变量对感知行为控制变量的影响。回归分析显示，回归模型的R方值为0.149，这意味着自变量能够解释因变量变异的14.9%。此外，F检验的统计值为8.209，其对应的P值远小于显著性水平0.001，由此证明该回归模型设定是合理的。

从回归系数分析来看，在各个人口背景信息的控制作用下，创新创业教育变量对感知行为控制变量的标准化回归系数大小为0.311，且t值为7.021，P值小于0.001。这一结果充分表明，创新创业教育变量对感知行为控制变量具有显著的正向影响作用。因此，假设H4a得以验证，即创新创业教育对感知行为控制具有积极影响。

（7）感知行为控制对创业意向的回归分析

表5-19　感知行为控制对创业意向的回归分析

变量	标准系数	t
（常量）		12.947***
性别编码	0.047	1.041
理工类	0.268	4.503***
英文类	0.083	1.731
文史类	−0.028	−0.557
艺体类	0.125	2.578**
一年级	−0.348	−5.357***
二年级	−0.229	−3.659***
创业经历编码	0.154	3.518***
家庭自营企业编码	0.004	0.093
感知行为控制	0.283	6.854***
R^2	0.248	
调整后的R^2	0.232	
F值	15.492***	
D-Watson	0.366	

注：*$P<0.05$，**$P<0.01$，***$P<0.001$。

经过严谨分析，表（表5-19）的回归分析是以人口背景信息作为控制变量，深入探讨了感知行为控制变量对创业意向变量的影响机制。回归分析结果显示，回归模型的R方值为0.248，这一数值表明，自变量能够有效地解释因变量变异情况的24.8%。此外，F检验统计值为15.492，其对应的P值远低于显著性水平0.001，从而有力支持了本次回归模型的合理性。

进一步观察回归系数，我们发现，在考虑了各个人口背景信息的控制作用后，感知行为控制变量对创业意向变量的标准化回归系数大小为0.283，对应的t值为6.854，P值小于0.001。这一结果显著证明了感知行为控制变量对创业意向变量存在正向影响作用。因此，我们可以确认假设H4b成立。

第四节　中介效应检验

Bootstrap法中介效应检验如表5-20所示。

表5-20　Bootstrap法中介效应检验

中介路径	Effect	SE	95%置信区间 LLCI	95%置信区间 ULCI	效应占比
创新创业教育—创业态度—创业意向	0.083	0.025	0.037	0.133	21.3%
创新创业教育—主观规范—创业意向	0.109	0.028	0.056	0.168	28%
创新创业教育—感知行为控制—创业意向	0.059	0.021	0.023	0.103	15.2%
总间接效应	0.251	0.041	0.172	0.334	64.5%
创新创业教育—创业意向（直接效应）	0.138	0.052	0.037	0.240	35.5%
创新创业教育—创业意向（总效应）	0.389	0.047	0.297	0.480	—

经过采用SPSS 21.0软件中Process 3.3插件的Model 4对中介效应进行严谨的检验，结果表明，在以创新创业教育作为自变量，创业态度、主观规范、感知行为控制分别担任中介变量，创业意向作为因变量的模型中，自变量对因变量的总影响效应值为0.389。此影响效应的95%置信区间未包含0，通过显著性检验，证明总效应显著存在。

进一步分析，直接效应值为0.138，其95%置信区间同样未包含0，通过显著性检验，表明直接效应显著存在，该直接效应占总效应的比例为35.5%。

此外，以创业态度作为中介变量的间接效应值为0.083，其95%置信区间未包含0，经过显著性检验，证实间接效应显著存在。这表明创业态度在创新创业教育与创业意向之间起到了显著的中介作用，该间接效应占总效应的比例为21.3%。

同样地，以主观规范作为中介变量的间接效应值为0.109，其95%置信区间也未包含0，经过显著性检验，表明间接效应显著存在。这表明主观规范在创新创业教育与创业意向之间起到了显著的中介作用，该间接效应占总效应的比例为28%。

最后，以感知行为控制作为中介变量的间接效应值为0.059，其95%置信区间未包含0，经过显著性检验，证实间接效应显著存在。这表示感知行为控制在创新创业教育与创业意向之间起到了显著的中介作用，该间接效应占总效应的比例为15.2%。

创业态度、主观规范、感知行为控制在创新创业教育与创业意向之间均存在显著的中介效应。创新创业教育既可以直接对创业意向产生影响，也可以通过创业态度、主观规范、感知行为控制等中介变量间接影响创业意向。因此，可以判定假设H2、H3、H4均成立，表明这些中介变量在模型中起到了部分中介的作用。

各个变量的描述性统计分析见表5-21。

表5-21　各个变量的描述性统计分析

变量	均值	标准差	极小值	极大值	方差
创新创业教育	4.751	0.856	1.67	6.67	0.732

续表5-21

变量	均值	标准差	极小值	极大值	方差
创业意向	4.883	0.933	1.00	7.00	0.871
创业态度	4.726	0.858	1.00	6.80	0.736
主观规范	4.848	0.899	2.00	7.00	0.809
感知行为控制	4.784	0.798	1.00	6.83	0.637
制度环境	4.637	1.050	1.83	6.83	1.103
创业文化	5.157	1.147	1.20	7.00	1.315

第五节 调节效应假设检验

调节效应的检验过程主要依赖于多元层级回归分析方法。根据已有文献的梳理，这一检验过程通常涉及构建三个关键的多元回归模型。首先，第一个模型聚焦于引入控制变量。此举的目的在于，由于调节变量的作用具有较高的敏感性，为了避免伪回归现象的出现，需要对自变量、调节变量以及它们之间的交互项进行适当的控制。其次，第二个模型在引入控制变量的基础上进一步纳入了自变量和调节变量。这一模型的构建旨在探究自变量和调节变量对因变量的潜在影响，进而评估模型的解释能力。具体而言，我们通过观察模型的R^2值大小来判断模型对数据的拟合程度。最后，第三个模型在前两个模型的基础上，进一步引入了自变量和调节变量的交互项。若该交互项的回归系数表现出显著的统计意义，且模型的R^2值相较于前两个模型有显著提高，则表明调节变量在自变量和因变量之间的关系中起到了显著的调节作用。

通过上述三个模型的构建与检验，我们可以系统地评估调节变量在自变量和因变量关系中的调节作用，从而为后续的研究提供有力的实证支持。

一、制度环境的调节效应检验

（1）制度环境在创新创业教育与创业意向之间的调节效应检验

表5-22 制度环境在创新创业教育与创业意向之间的调节效应检验

变量	模型1 标准化系数	t	模型2 标准化系数(β)	t	模型3 回归系数	t
性别编码	0.052	1.081	0.057	1.263	0.062	1.406
理工类	0.341	5.553***	0.264	4.553***	0.271	4.744***
英文类	0.105	2.091*	0.081	1.722	0.075	1.624
文史类	−0.015	−0.276	0.006	0.116	0.015	0.313
艺体类	0.149	2.936*	0.127	2.669**	0.134	2.854**
一年级	−0.35	−5.136***	−0.306	−4.793***	−0.298	−4.738***
二年级	−0.248	−3.798**	−0.198	−3.221**	−0.177	−2.906**
创业经历编码	0.172	3.752***	0.18	4.187***	0.161	3.761***
家庭自营企业编码	0.01	0.224	−0.003	−0.072	0.003	0.068
创新创业教育	−	−	0.236	5.679***	0.153	3.326**
制度环境	−	−	0.201	4.952***	0.152	3.624***
创新创业教育*制度环境	−	−	−	−	−0.188	−3.958***
R^2	0.173		0.282		0.305	
调整R^2	0.157		0.265		0.288	
F	10.926***		16.718***		17.111***	

注：*$P<0.05$，**$P<0.01$，***$P<0.001$。

如表5-22所示，模型1构建了一个多元回归模型，其中控制变量作为自变量，而创业意向作为因变量；模型2则在控制变量的作用下，以创新创业教育和制度环境作为自变量，创业意向作为因变量，进一步构建了多元回归模型；模型3则在模型2的基础上增加了交互项"创新创业教育*制度环境"作为自变量，以更全面地分析其对创业意向的影响。

在模型2中，自变量创新创业教育对创业意向呈现出显著的正向影响（$\beta=0.201$，$t=4.952$，$P<0.001$），这表明创新创业教育的实施对于提升个体的创业意向具有积极作用。

而在模型3中，自变量与调节变量的交互项"创新创业教育*制度环境"的回归系数为-0.188（$t=-3.958$，$P<0.001$），这表明交互项对创业意向具有显著的负向影响。此外，模型2的R^2值为0.282，而模型3的R^2值提升至0.305，这显示出模型解释能力的显著增强。

综合以上分析，可以得出结论：调节变量制度环境在创新创业教育与创业意向的关系中起到了显著的负向调节作用。具体而言，制度环境对创新创业教育和创业意向之间的关系产生了弱化效应。因此，假设H5a得以验证成立。

（2）制度环境在创业态度与创业意向之间的调节效应检验

表5-23　制度环境在创业态度与创业意向之间的调节效应检验

变量	模型一 标准化系数	t	模型二 标准化系数	t	模型三 标准化系数	t
性别编码	0.052	1.081	0.055	1.267	0.058	1.326
理工类	0.341	5.553***	0.242	4.266***	0.249	4.376***
英文类	0.105	2.091*	0.081	1.773	0.083	1.818
文史类	−0.015	−0.276	−0.016	−0.321	−0.01	−0.21
艺体类	0.149	2.936*	0.125	2.695**	0.134	2.87**
一年级	−0.35	−5.136***	−0.265	−4.219***	−0.262	−4.178***
二年级	−0.248	−3.798**	−0.176	−2.925**	−0.168	−2.79**
创业经历编码	0.172	3.752***	0.195	4.643***	0.189	4.493***

续表

变量	模型一 标准化系数	t	模型二 标准化系数	t	模型三 标准化系数	t
家庭自营企业编码	0.01	0.224	0.011	0.254	0.011	0.273
创业态度	–	–	0.297	7.567***	0.269	6.244***
制度环境	–	–	0.255	6.557***	0.26	6.673***
创业态度*制度环境	–	–	–	–	−0.066	−1.538
R^2	0.173		0.316		0.320	
调整R^2	0.157		0.300		0.302	
F值	10.926***		19.681***		18.291***	

注：*$P<0.05$，**$P<0.01$，***$P<0.001$.

如表5-23所示，三个模型均以多元回归方法构建，用以探讨不同变量对创业意向的影响作用。模型1将控制变量设为自变量，创业意向设为因变量；模型2则在控制变量的基础上，进一步引入创业态度和制度环境作为自变量；模型3则在模型2的基础上增加了创业态度与制度环境的交互项作为自变量。

经过统计分析，模型2显示自变量创业态度对创业意向具有显著的正向影响作用（$\beta=0.255$，$t=6.557$，$P<0.001$），表明创业态度是影响创业意向的重要因素之一。然而，在模型3中，创业态度与制度环境交互项的回归系数并未达到显著性水平（$\beta=-0.066$，$t=-1.538$，$P>0.05$），表明交互项对创业意向的影响并不显著。

此外，从模型拟合优度来看，模型2的R^2值为0.316，模型3的R^2值为0.320，两者相差不大，进一步印证了交互项对模型解释力的贡献有限。因此，可以得出结论，调节变量制度环境在创业态度对创业意向的影响关系上并未发挥显著的调节作用。基于以上分析，假设H5b不成立。

（3）制度环境在主观规范与创业意向之间的调节效应检验

表5-24 制度环境在主观规范与创业意向之间的调节效应检验

变量	模型一 标准化系数	t	模型二 标准化系数	t	模型三 标准化系数	t
性别编码	0.052	1.081	0.053	1.237	0.055	1.276
理工类	0.341	5.553***	0.286	5.141***	0.284	5.096***
英文类	0.105	2.091*	0.094	2.072*	0.093	2.054*
文史类	−0.015	−0.276	0.005	0.1	0.007	0.156
艺体类	0.149	2.936*	0.163	3.548**	0.163	3.549**
一年级	−0.35	−5.136***	−0.294	−4.775***	−0.291	−4.719***
二年级	−0.248	−3.798**	−0.193	−3.268**	−0.189	−3.169**
创业经历编码	0.172	3.752***	0.159	3.808**	0.157	3.759***
家庭自营企业编码	0.01	0.224	0.017	0.412	0.014	0.337
主观规范	−	−	0.324	8.357***	0.309	7.024***
制度环境	−	−	0.207	5.356***	0.209	5.379***
主观规范*制度环境	−	−	−	−	−0.034	−0.755
R^2	0.173		0.332		0.333	
调整R^2	0.157		0.317		0.316	
F值	10.926***		21.171***		19.437***	

注：*$P<0.05$，**$P<0.01$，***$P<0.001$。

如表5-24所示，模型1以控制变量作为自变量，创业意向作为因变量，构建了一个多元回归模型。模型2则在控制变量的基础上引入主观规范和制度环境作为自变量，同样以创业意向为因变量，建立了另一个多元回归模型。模型3在模型2的基础上进一步纳入了主观规范与制度环境的交互项作为自变量，构建了一个更为复杂的多元回归模型。经过分析，发现模型2中的自变量主观规范对创业意向具有显著的正向影响作用（$\beta=0.324$，$t=8.357$，$P<0.001$）。然而，在模型3中，主观规范与制度环境交互项的回归系数并不显著（-0.034，$t=-0.755$，$P>0.05$），这表明交互项对创业意向并无显著影响。此外，模型2和模型3的R^2值分别为0.332和0.333，两者并未出现明显变化。因此，根据以上分析，我们得出结论：调节变量制度环境在主观规范对创业意向的影响关系上并未发挥显著的调节作用。故原假设H5c不成立。

（4）制度环境在感知行为控制与创业意向之间的调节效应检验

表5-25 制度环境在感知行为控制与创业意向之间的调节效应检验

变量	模型一 标准化系数	t	模型二 标准化系数	t	模型三 标准化系数	t
性别编码	0.052	1.081	0.066	1.488	0.077	1.745
理工类	0.341	5.553***	0.242	4.155***	0.225	3.897***
英文类	0.105	2.091*	0.077	1.648	0.065	1.408
文史类	−0.015	−0.276	−0.024	−0.494	−0.014	−0.287
艺体类	0.149	2.936*	0.125	2.634**	0.122	2.605**
一年级	−0.35	−5.136***	−0.342	−5.385***	−0.311	−4.909***
二年级	−0.248	−3.798**	−0.222	−3.632***	−0.187	−3.071**
创业经历编码	0.172	3.752***	0.175	4.077***	0.161	3.778***
家庭自营企业编码	0.01	0.224	0.007	0.171	0.003	0.079
感知行为控制	−	−	0.242	5.888***	0.178	4.001***
制度环境	−	−	0.2	4.94***	0.252	5.91***
感知行为控制*制度环境	−	−	−	−	−0.161	−3.544***
R^2	0.173		0.286		0.304	
调整R^2	0.157		0.269		0.286	
F值	10.926***		17.005***		17.019***	

注：*$P<0.05$，**$P<0.01$，***$P<0.001$。

如表5-25所示，我们构建了三个多元回归模型以探究不同自变量对创业意向的影响。具体而言，模型1以控制变量作为自变量，创业意向作为因变量；模型2在控制变量的基础上，引入感知行为控制和制度环境作为自变量；模型3则在模型2的基础上进一步纳入了感知行为控制与制度环境的交互项作为自变量。

在模型2中，我们发现自变量感知行为控制对创业意向具有显著的正向影响作用（$\beta=0.242$，$t=5.888$，$P<0.001$），这表明感知行为控制在一定程度上能够促进创业意向的形成。

进一步地，在模型3中，我们观察到自变量与调节变量的交互项（感知行为控制*制度环境）对创业意向具有显著的负向影响作用（回归系数为-0.161，$t=-3.544$，$P<0.001$）。这一结果说明，在感知行为控制对创业意向的影响关系中，制度环境起到了显著的负向调节作用。换言之，制度环境的存在弱化了感知行为控制对创业意向的积极影响。

此外，通过对比模型2和模型3的R^2值，我们发现模型3的R^2值（0.304）显著高于模型2的R^2值（0.286），这表明模型3在解释创业意向方面具有更强的能力。

综上所述，我们的研究证明了调节变量制度环境在感知行为控制对创业意向的影响关系上具有显著的负向调节作用。因此，接受假设H5d，即制度环境能够弱化感知行为控制和创业意向之间的关系。

二、创业文化的调节效应检验

（1）创业文化在创新创业教育与创业意向之间的调节效应检验

如表5-26所示，模型1构建了以控制变量为自变量，创业意向为因变量的多元回归模型。在控制变量的作用下，模型2进一步引入了创新创业教育和创业文化作为自变量，对创业意向进行了多元回归分析。而在模型3中，除了包含模型2的自变量外，还引入了交互项"创新创业教育*创业文化"作为自变量，进一步探讨了其对创业意向的影响。

表5-26 创业文化在创新创业教育与创业意向之间的调节效应检验

变量	模型一 标准化系数	t	模型二 标准化系数	t	模型三 标准化系数	t
性别编码	0.052	1.081	0.061	1.44	0.052	1.233
理工类	0.341	5.553***	0.227	4.129***	0.227	4.152***
英语类	0.105	2.091	0.035	0.784	0.031	0.699
文史类	−0.015	−0.276	−0.032	−0.675	−0.041	−0.875
艺体类	0.149	2.936**	0.117	2.614**	0.112	2.516*
一年级	−0.35	−5.136***	−0.278	−4.608**	−0.28	−4.674***
二年级	−0.248	−3.798***	−0.174	−2.996**	−0.179	−3.101**
创业经历编码	0.172	3.752***	0.119	2.936**	0.128	3.161**
家庭自营企业编码	0.01	0.224	−0.022	−0.546	−0.02	−0.502
创新创业教育	−	−	0.171	4.281***	0.155	3.857***
创业文化	−	−	0.371	9.308***	0.338	8.104***
创新创业教育*创业文化	−	−	−	−	−0.101	−2.504*
R^2	0.173		0.362		0.371	
调整R^2	0.157		0.348		0.355	
F值	10.926***		24.192***		22.948***	

注：*$P<0.05$，**$P<0.01$，***$P<0.001$。

经过统计分析，模型2的结果显示，自变量创业文化对创业意向具有显著的正向影响作用（$\beta=0.371$，$t=9.308$，$P<0.001$）。而在模型3中，自变量与调节变量的交互项的回归系数为−0.101（$t=-2.504$，$P<0.05$），这表明交互项对创业意向产生了显著的负向影响。此外，模型2的R^2值为0.362，而模型3的R^2值提升至0.371，显示了模型解释能力的显著增强。

综上所述，调节变量创业文化在创新创业教育与创业意向的关系中起到了显著的负向调节作用。具体而言，创业文化的存在弱化了创新创业教育与创业意向之间的正向关联。因此，可以确认假设H6a成立。

（2）创业文化在创业态度与创业意向之间的调节效应检验

表5-27　创业文化在创业态度与创业意向之间的调节效应检验

变量	模型一 标准化系数	t	模型二 标准化系数	t	模型三 标准化系数	t
性别编码	0.052	1.081	0.056	1.358	0.044	1.085
理工类	0.341	5.553***	0.216	3.993***	0.218	4.083***
英语类	0.105	2.091	0.036	0.821	0.034	0.797
文史类	−0.015	−0.276	−0.048	−1.04	−0.058	−1.285
艺体类	0.149	2.936**	0.116	2.63**	0.112	2.585*
一年级	−0.35	−5.136***	−0.248	−4.147***	−0.253	−4.287***
二年级	−0.248	−3.798***	−0.159	−2.769**	−0.171	−3.024**
创业经历编码	0.172	3.752***	0.126	3.134**	0.134	3.403***
家庭自营企业编码	0.01	0.224	−0.013	−0.323	−0.017	−0.421
创业态度	−	−	0.217	5.693***	0.185	4.839***
创业文化	−	−	0.377	9.793***	0.389	10.24***
创业态度*创业文化					−0.149	−4.055***
R^2	0.173		0.380		0.401	
调整R^2	0.157		0.366		0.386	
F	10.926***		26.123***		26.106***	

注：*P<0.05，**P<0.01，***P<0.001。

如表5-27所示，模型1基于控制变量作为自变量，创业意向作为因变量，构建了多元回归模型。模型2在控制变量的约束条件下，以创业态度和创业文化作为自变量，同样以创业意向作为因变量，进一步构建了多元回归模型。模型3则在控制变量的作用下，不仅纳入了创业态度和创业文化作为自变量，还引入了它们的交互项（创业态度*创业文化）作为自变量，从而更全面地分析了这些因素对创业意向的影响。

在模型2的回归结果中，我们发现自变量创业态度对创业意向具有显著的正向影响作用（β=0.217，t=5.693，P<0.001）。而在模型3中，我们观察

到自变量与调节变量的交互项（创业态度*创业文化）的回归系数为-0.149（$t=-4.055$，$P<0.001$），这表明交互项对创业意向具有显著的负向影响作用。此外，对比模型2和模型3的R^2值，我们发现模型3的R^2值（0.401）相较于模型2的R^2值（0.380）有了显著提升，这充分说明了模型3在解释能力上的增强。因此，我们有充分的理由证明调节变量创业文化在创业态度对创业意向的影响关系上起到了显著的负向调节作用。换言之，创业文化的存在实际上弱化了创业态度与创业意向之间的正向关系。据此，我们可以得出结论：假设H6b成立。

（3）创业文化在主观规范与创业意向之间的调节效应检验

表5-28　创业文化在主观规范与创业意向之间的调节效应检验

变量	模型一 标准化系数	t	模型二 标准化系数	t	模型三 标准化系数	t
性别编码	0.052	1.081	0.056	1.359	0.048	1.183
理工类	0.341	5.553***	0.248	4.65***	0.236	4.473***
英语类	0.105	2.091	0.048	1.106	0.039	0.913
文史类	-0.015	-0.276	-0.029	-0.646	-0.036	-0.804
艺体类	0.149	2.936**	0.146	3.332**	0.14	3.244**
一年级	-0.35	-5.136***	-0.269	-4.581***	-0.268	-4.608***
二年级	-0.248	-3.798***	-0.17	-3.025**	-0.172	-3.087**
创业经历编码	0.172	3.752***	0.104	2.622*	0.118	2.985**
家庭自营企业编码	0.01	0.224	-0.006	-0.152	-0.014	-0.355
主观规范	-	-	0.257	6.736***	0.236	6.163**
创业文化	-	-	0.349	9.009***	0.345	9.01***
主观规范*创业文化	-	-	-	-	-0.116	-3.164**
R^2	0.173		0.396		0.409	
调整R^2	0.157		0.382		0.394	
F	10.926***		27.902***		26.904***	

注：*$P<0.05$，**$P<0.01$，***$P<0.001$。

经过严谨的统计分析，我们构建了表5-28的三个模型以深入探究影响创业意向的因素。模型1基于控制变量作为自变量，以创业意向作为因变量，建立了多元回归模型。在模型2中，我们进一步考虑了主观规范和创业文化这两个自变量，并在控制变量的作用下分析了它们对创业意向的影响。而在模型3中，我们则引入了主观规范与创业文化的交互项作为自变量，以更全面地探讨它们对创业意向的联合效应。

在模型2的分析中，我们发现自变量主观规范对创业意向具有显著的正向影响作用（$\beta=0.257$，$t=6.736$，$P<0.001$），这一结果揭示了主观规范在激发个体创业意向方面的重要作用。而在模型3中，我们观察到自变量与调节变量的交互项的回归系数为-0.116（$t=-3.164$，$P<0.01$），这表明交互项对创业意向具有显著的负向影响作用。

此外，我们还注意到模型2的R^2值为0.396，而模型3的R^2值提升至0.409，这一显著的提升说明了模型3在解释创业意向方面的能力得到了增强。因此，我们可以得出结论，调节变量创业文化在主观规范对创业意向的影响关系上发挥了显著的负向调节作用，即创业文化在一定程度上削弱了主观规范与创业意向之间的正向关系。

综上所述，我们验证了假设H6c的有效性，即创业文化在主观规范对创业意向的影响中起到了负向调节作用。这一发现对于我们深入理解创业意向的形成机制以及制定相关政策和措施具有重要的指导意义。

（4）创业文化在感知行为控制与创业意向之间的调节效应检验

表5-29 创业文化在感知行为控制与创业意向之间的调节效应检验

变量	模型一 标准化系数	t	模型二 标准化系数	t	模型三 标准化系数	t
性别编码	0.052	1.081	0.068	1.606	0.055	1.313
理工类	0.341	5.553***	0.221	3.985***	0.206	3.771***
英语类	0.105	2.091	0.036	0.805	0.022	0.487
文史类	−0.015	−0.276	−0.051	−1.09	−0.062	−1.344
艺体类	0.149	2.936**	0.119	2.638*	0.098	2.201*

续表

变量	模型一 标准化系数	t	模型二 标准化系数	t	模型三 标准化系数	t
一年级	−0.35	−5.136***	−0.304	−5.027	−0.299	−5.029***
二年级	−0.248	−3.798***	−0.194	−3.337**	−0.201	−3.523**
创业经历编码	0.172	3.752***	0.119	2.903**	0.132	3.269**
家庭自营企业编码	0.01	0.224	−0.013	−0.328	−0.02	−0.498
感知行为控制	–	–	0.14	3.347**	0.094	2.231*
创业文化	–	–	0.365	8.703***	0.407	9.609***
感知行为控制*创业文化	–	–	–	–	−0.165	−4.267***
R^2	0.173		0.353		0.377	
调整R^2	0.157		0.338		0.361	
F	10.926***		23.213***		23.579***	

注：*$P<0.05$，**$P<0.01$，***$P<0.001$。

如表5-29所示，模型1是以控制变量为自变量，创业意向为因变量构建的多元回归模型；模型2则是在控制变量的作用下引入感知行为控制和创业文化作为自变量，针对创业意向构建的多元回归模型；而模型3则在模型2的基础上进一步加入了感知行为控制与创业文化的交互项作为自变量。

在模型2中，自变量感知行为控制对创业意向表现出显著的正向影响作用（$β=0.14$，$t=3.347$，$P<0.01$），这显示了感知行为控制对创业意向的积极推动作用。

进一步地，在模型3中，自变量与调节变量的交互项的回归系数为−0.165（$t=-4.267$，$P<0.001$），这明确表明交互项对创业意向具有显著的负向影响。同时，模型2的R^2值为0.353，而模型3的R^2值提升至0.377，说明模型的解释能力得到了显著增强。

因此，我们有充分的理由认为，调节变量创业文化在感知行为控制对创业意向的影响关系上起到了显著的负向调节作用，即创业文化的存在弱化了感知行为控制对创业意向的积极影响。据此，假设H6d得以验证成立。

第六节　分析结果小结

在已有的文献中，关于创新创业教育对创业意向影响的实证研究相对较少，特别是在中国背景下，针对高职学生创业意向的研究更是稀缺。鉴于此，本研究旨在从多维度的视角深入探讨创新创业教育对高职学生创业意向的作用机制与中介路径。同时，本研究创新性地引入了创业制度环境、创业文化等变量，以期全面揭示创新创业教育对高职学生创业意向的影响机理。

本研究不仅拓展了创业意向研究模型的理论边界，为深化创新创业教育的相关研究提供了坚实的理论依据，更为探索创新创业教育对高职大学生创业意向影响的多重中介路径机制奠定了坚实的理论基础。以下是本研究的主要研究结果。

首先，本研究通过ANOVA分析，对控制变量如性别、先前创业经历、家庭背景（家庭自雇佣情况）、教育背景（学校类型、专业类别、年级层次）与创业意向之间的关系进行了深入探究。结果表明：①高职学生创业意向在性别分组上呈现出显著差异，其中男性学生的创业意向明显高于女性学生；②有无创业经历使高职学生在创业意向上也存在显著差异，具备创业经历的学生展现出更为强烈的创业意向；③来自不同家庭背景的学生在创业意向方面同样存在显著差异，其中来自自雇佣家庭的学生创业意向更为强烈；④在专业类别方面，高职学生创业意向的差异也十分显著，理工类专业学生的创业意向尤为突出，明显高于文史类和其他类专业学生，而英语类专业学生的创业意向则位居其次；⑤高职学生的创业意向在不同年级之间也存在显著差异，三年级学生的创业意向明显高于一二年级学生。

其次，在不考虑其他变量影响的前提下，本研究通过实证检验探讨了创新创业教育对高职学生创业意向的直接路径影响。结果显示，假设H1"创新创业教育显著正向影响高职学生的创业意向"得到了支持。这表明，随着创新创业教育水平的提升，高职学生的创业意向也会相应增强。

再次，本研究依照中介效应检验程序，深入剖析了创业态度、主观规范、感知行为控制在创新创业教育对高职学生创业意向影响路径中的中介作用。实证研究结果证实了多重并联中介路径的存在，假设H2（H2a，H2b）、H3（H3a，H3b）、H4（H4a，H4b）均得到了验证。

此外，本研究还验证了创业制度环境在创新创业教育于高职学生创业意向影响过程中的调节作用。然而，实证研究发现制度环境的调节效应并不显著。具体而言，假设H5b"制度环境负向调节创业态度与创业意向的关系"和假设H5c"制度环境负向调节主观规范与创业意向的关系"未能得到支持；而假设H5a"制度环境负向调节创新创业教育与创业意向的关系"和H5d"制度环境负向调节感知行为控制与创业意向的关系"则得到了验证。

最后，本研究还检验了创业文化在创新创业教育与高职学生创业意向影响过程中的调节作用。实证研究发现，创业文化的调节效应显著，假设H6a、H6b、H6c、H6d均得到了验证。

第七节 分析结果讨论

本书基于相关理论，紧扣核心研究问题与内容，在深入梳理前人理论成果的基础上，结合具体研究内容和事实观察，并运用逻辑推理方法，共提出了18个假设。经过实证数据的严格检验，其中有16个假设得到了实证数据的支持，而仅有2个假设未能获得实证数据的验证（表5-30）。本研究将依据前文实证分析的过程及假设检验结果，结合相关理论与实际情况，对获得支持的主要理论假设以及部分未获支持的理论假设进行深入讨论与解释。

表5–30 假设验证一览表

假设编号	假设内容	验证结果
H1	创新创业教育显著正向影响高职学生的创业意向	支持
H2	创业态度在创新创业教育对高职学生创业意向的影响路径中存在中介效应	支持
H2a	创新创业教育显著正向影响高职学生的创业态度	支持
H2b	创业态度显著正向影响了高职学生的创业意向	支持
H3	主观规范在创新创业教育对高职学生创业意向的影响路径中存在中介效应	支持
H3a	创新创业教育正向显著影响了高职学生的主观规范	支持
H3b	主观规范正向显著影响了高职学生的创业意向	支持
H4	感知行为控制在创新创业教育对高职学生创业意向的影响路径中存在中介效应	支持
H4a	创新创业教育显著正向影响高职学生的感知行为控制	支持
H4b	感知行为控制显著正向影响高职学生的创业意向	支持
H5a	制度环境负向调节创新创业教育与创业意向的关系	支持
H5b	制度环境负向调节创业态度与创业意向的关系	不支持
H5c	制度环境负向调节主观规范与创业意向的关系	不支持
H5d	制度环境负向调节感知行为控制与创业意向的关系	支持
H6a	创业文化正向调节创新创业教育与创业意向的关系	支持
H6b	创业文化正向调节创业态度与创业意向的关系	支持
H6c	创业文化正向调节主观规范与创业意向的关系	支持
H6d	创业文化正向调节感知行为控制与创业意向的关系	支持

一、创新创业教育与创业意向的关系与影响机理讨论

本研究对当前学术界普遍认可的"创业可教"观点进行了深入探讨，并通过实证研究方法，深入剖析了创新创业教育对高职学生创业意向的影响机制。研究结果表明，创新创业教育对高职学生创业意向具有显著的正向影响，从而验证了假设H1"创新创业教育显著正向影响高职学生的创业意向"的有效性。这一发现充分证明了中国高职院校的创新创业教育是有效且可行的。

从现有文献来看，本研究结果与德鲁克（Drucker）、瑞（Rae）、提蒙斯（Timmons）以及张玉利等学者的观点相吻合，均认为创业能力可通过教育进行培养。然而，本研究结果也与部分学者的研究结论存在差异。例如，Charharbaghi、Willis的研究指出，"企业家不能被打造，只能被识别"；Souitaris等的研究亦未发现创业教育课程和创业行为之间存在显著关系。此外，Smallbone等人的研究亦表明，由于不同学者在不同制度背景下研究创业教育对创业行为的影响，导致研究结果呈现出较大的差异。而Kolvereid、Moen的研究则强调了创业教育对个体行为影响的滞后性。

综合问卷分析及文献梳理，本研究发现，高职院校创新创业教育能够对高职学生创业意向产生正向影响，主要归因于以下几个方面：首先，高职院校在创新创业教育课程设置上注重合理性与实践性，通过传统讲授与创业实践相结合的教学模式，有效激发了学生的学习热情；其次，高职院校的教师队伍普遍具有较高的职业素养，能够为学生提供优质的创新创业教育教学服务；再次，高职院校积极制定并实施了一系列创业政策，为学生提供了良好的创业环境和资源支持；最后，学生个体对创新创业教育的积极态度也是推动其产生创业意向和行为的重要因素。

总体而言，本研究不仅验证了创新创业教育对高职学生创业意向的正向影响，还深入剖析了其作用机制及影响因素。这一研究成果对于推动高职院校创新创业教育的深入发展、提升高职学生创业意向和创业能力具有重要的理论价值和实践意义。同时，本研究也为后续研究提供了翔实的数据支撑与理论依据，有助于进一步拓展和深化该领域的研究。

二、创新创业教育对高职学生创业意向的影响路径中的多重并联中介探讨

创新创业教育对高职学生创业意向的影响机制复杂，影响深远，它不仅能够直接作用于学生的创业意愿，还可通过多重并联的中介效应实现间接影响。在这一过程中，创业态度、主观规范以及感知行为控制作为关键的中介变量，均发挥了部分中介效应的作用。具体而言，创新创业教育通过这三个并联的中介变量，以间接且显著的方式正向影响高职学生的创业意向。

本研究中的假设H2（H2a、H2b）、H3（H3a、H3b）以及H4（H4a、H4b）均得到了有力支持，进一步证实了创新创业教育对高职学生创业意向的影响路径。尽管以往的研究曾分别探讨过创业态度、主观规范、感知行为控制与创业意向两两间的关系，但将创新创业教育、创业态度、主观规范以及感知行为控制整合至同一研究框架中进行深入分析的案例并不多见，尤其对于高职学生的相关研究更显稀缺。因此，本研究在这一领域的探索和创新具有重要的理论价值和实践意义。

三、创新创业教育对高职学生创业意向的影响路径中的调节效应探讨

本研究基于严谨的数据分析，深入探讨了创新创业教育对高职学生创业意向的影响过程中，创业制度环境和创业文化这两个变量的调节效应。研究假设H5a与H5d均得到了实证支持，即制度环境对创新创业教育与创业意向的关系以及感知行为控制与创业意向的关系均存在负向调节作用。这意味着在制度环境相对不佳的情况下，创新创业教育对高职学生创业意向的推动作用更为显著；相反，在制度环境较为完善的情境下，感知行为控制与创业意向之间的关系则显得相对不够显著。

这一发现揭示了国家制度环境与创业政策在高职学生创业意向形成过程

中的重要作用。一般而言，当个体感知到政府的政策法规对创业活动具有积极推动作用时，其创业意向往往会被有效激发。然而，本研究针对高职学生群体的调查结果显示，政策法规并未能对其创业意向产生积极的正向影响，这可能与学校对政策的实施和宣传效果有关。

良好的创业政策能够营造积极的创业氛围与文化，进而推动创业活动的蓬勃发展。已有研究表明，当个体意识到政府提供的政策支持、税收减免等优惠措施时，其对创业成功的信心将得到增强，从而激发更强的创业意向，并更有可能付诸实践。

值得注意的是，尽管学者们对国家制度环境的研究多聚焦于政策法规特别是创业政策本身，但对于创业制度环境在创新创业教育对创业意向影响机理中的具体作用，尤其是对高职院校学生这一创业主力军的研究仍显不足。基于中国制度环境的视角，针对创新创业教育对创业意向影响的研究尚不多见，且鲜有研究将创业制度环境作为调节变量或结果变量进行深入探讨。

本研究通过引入创业制度环境和创业文化作为调节变量，并验证其在创新创业教育与创业意向之间的调节效应，为相关研究提供了新的视角和思路。这一创新之处不仅有助于深化我们对创新创业教育与创业意向关系的理解，也为优化创业教育政策、提升高职学生创业意向提供了重要的理论支撑和实践指导。

第六章　研究结论与展望

在中国"大众创业、万众创新"的宏大背景下，如何通过有效的创新创业教育激发高职学生的创业意向，已成为创业研究领域的核心议题。这不仅关乎高职学生的个人成长与发展，更对推动整个社会的创新活力与经济发展具有重要意义。因此，本研究致力于深入剖析创新创业教育与高职学生创业意向之间的关系，以期为相关实践提供有益的参考与启示。

本研究首先对以往研究文献进行了系统的回顾、梳理和深度理论分析。通过对相关文献的梳理，发现创新创业教育与高职学生创业意向之间存在着密切的联系。一方面，创新创业教育能够为学生提供丰富的创业知识、技能和经验，帮助他们更好地了解创业市场的运作规律和创业过程的风险与挑战；另一方面，创新创业教育还能够激发学生的创业热情和创新精神，培养他们的创业思维和实践能力。基于以上分析，本研究构建了"创新创业教育对高职学生创业意向的作用机制模型"。该模型从多个维度探讨了创新创业教育对高职学生创业意向的影响路径和机制。具体来说，创新创业教育通过提升学生的创业能力、增强他们的创业信心、拓宽他们的创业视野等方式，进而激发其创业意向。为了验证这一理论模型的有效性，本研究对广州地区45所高职院校的学生群体进行了问卷调查。通过收集大量的一手数据，我们对理论模型进行了实证检验。结果显示，创新创业教育确实对高职学生的创业意向产生了积极的影响，且这种影响具有显著性和稳定性。在实证研究的基础上，本章进一步对主要研究结论和发现进行回顾与提炼。

第一节 主要研究结论

创新创业教育作为国内外研究的热点话题，其在推动创业行为、创业活动以及经济发展等方面扮演着不可或缺的角色。这种教育不仅关注知识的传授，更重视培养学生的创新思维和创业能力，以应对日益复杂多变的社会环境。尽管前人对创新创业教育对创业意向的影响进行了广泛的研究，但关于中国高职学生创新创业教育对创业意向影响机理的系统性探究仍显不足。

本研究在借鉴Ajzen的计划行为理论、Bandura的三元交互论等经典理论的基础上，结合前人研究成果，深入剖析了创新创业教育及其影响因素之间的相互作用关系。我们创新性地将创新创业教育、创业意向、创业态度、主观规范、感知行为控制、创业制度环境和创业文化等七个构念整合到同一个研究框架内，构建了一个全面而系统的理论模型，旨在揭示创新创业教育对创业意向的多种可能影响机理效应。

在构建理论模型的过程中，我们依托前人的研究成果，并结合现实观察和理论推导，提出了18条假设。为了验证这些假设，我们采用了文献研究法、问卷调查法和定量分析法等多种研究方法，对采集的480份有效问卷进行了详细的实证分析。通过统计分析，我们不仅有效验证了前人的相关观点和理论，还获得了诸多前人尚未关注到的结论。

研究发现，创新创业教育对高职学生的创业意向具有显著的正向影响。这种影响不仅体现在直接作用上，还通过创业态度、主观规范、感知行为控制等中介变量产生间接作用。同时，我们还发现创业制度环境和创业文化等外部因素也对高职学生的创业意向产生重要影响。这些因素的共同作用使得创新创业教育在培养学生的创业意向方面发挥出了更加全面和深入的作用。

本研究不仅丰富了对创新创业教育影响机理的认识，也为高职院校开展创新创业教育提供了重要的理论依据和实践指导。在未来的研究中，我们可以进一步探讨如何将创新创业教育与实际创业活动相结合，以提高教育的针对性和实效性；同时，也可以关注不同群体、不同背景下创新创业教育的影响差异，以推动创新创业教育的普及和发展。

一、创新创业教育直接正向显著影响高职英语专业学生创业意向

尽管在学术界，对于"创业可教"的观点早已达成共识，但鲜有学者通过大样本实证数据来深入探究创新创业教育对高职学生创业意向的多元影响机理。本书的研究结果为我们揭示了这一领域的一些重要发现，并为我们提供了对高职学生创业意向的深入理解。

首先，本研究明确表明，创新创业教育对高职学生创业意向具有显著的正向影响。这一结论直接支持了假设H1，即创新创业教育能显著正向影响高职学生的创业意向。这一发现不仅印证了创新创业教育的价值，也为高职院校进一步推广和深化创新创业教育提供了有力的证据。进一步地，本研究通过方差分析发现，高职学生创业意向在不同年级分组之间存在着显著性的差异。具体来说，三年级高职学生创业意向明显高于一二年级学生创业意向。这一结果可以解释为，随着年级的升高，高职学生接受创新创业教育的时间越长，所积累的创业知识和技能也越多，从而导致了他们创业意向的显著提升。这一研究结论进一步证实了创新创业教育对提高高职学生创业意向的有效性。

此外，本研究还通过数据分析，详细考察了创新创业教育背景下高职学生创业意向的主要影响因素及分布特点。在性别方面，研究发现男生的创业意向明显高于女生。这可能与不同性别在创业方面的兴趣、能力和社会期望等方面的差异有关。在专业类别方面，理工类高职生仍然是该群体中创业意向最高的一部分。这可能是因为理工类专业的知识和技能更易于转化为创业

实践，从而激发了他们的创业热情。同时，本研究还发现，有过创业经历的高职生的创业意向明显高于无创业经历的高职生。这一结果可能表明，创业经历能够为学生提供宝贵的实践经验，增强他们的创业信心和能力，进而增强他们的创业意向。此外，来自自雇佣家庭的学生，受父母职业背景的影响，其创业意向也明显较高。这表明家庭背景对学生的创业意向产生了一定的影响。

二、创新创业教育可通过多重并联中介路径正向显著影响高职学生创业意向

创新创业教育不仅可以直接影响高职学生创业意向，而且可以通过多重并联中介效应影响高职学生的创业意向。具体而言，主要有三个中介变量，即计划行为理论模型的三个前置变量（创业态度、主观规范、感知行为控制）。这三个中介变量在创新创业教育对高职学生创业意向的影响机制中均起到了部分中介效应，创新创业教育可以通过这三个并联的中介变量间接正向显著影响高职学生创业意向。假设H2（H2a，H2b）、H3（H3a，H3b）、H4（H4a，H4b）均获得了支持。本研究进一步通过Bootstrap中介效应检验，并得出结果，创业态度、主观规范、感知行为控制在创新创业教育与创业意向之间存在显著的中介效应，创新创业教育既可以直接作用于创业意向，也可以通过创业态度、主观规范、感知行为控制间接作用于创业意向，可以认定为部分中介。因此，多重中介路径机制更好地呈现了创新创业教育对高职学生创业意向影响的路径机制。

首先，创业态度是高职学生创业意向形成的关键要素之一。通过创新创业教育，学生能够更加深入地了解创业的内涵、价值以及挑战，从而培养出积极、正面的创业态度。这种态度能够激发学生对于创业的热情和信心，使他们在面对创业机会时能够果敢地迈出第一步。

其次，主观规范也在很大程度上影响着高职学生的创业意向。创新创业教育通过引导学生了解社会对创业的评价和期望，以及创业者所应具备的素

质和能力，帮助学生形成符合社会主流价值观的主观规范。这种规范能够促使学生在创业过程中更加注重社会责任和道德规范，从而提高创业的成功率和可持续性。

此外，感知行为控制也是创新创业教育影响高职学生创业意向的重要途径。通过创新创业教育，学生可以了解到创业所需的资源和能力，以及如何获取这些资源和能力。这种信息的获取和能力的提升，能够增强学生对于创业过程的掌控感，使他们更加自信地面对创业挑战。

这三个中介变量不仅各自发挥着重要作用，而且还相互关联、相互影响，共同构成了创新创业教育影响高职学生创业意向的多重中介路径机制。

三、创业制度环境的调节作用

本研究在深入探讨了创业制度环境对创新创业教育和创业意向之间的调节作用后，得出了一系列富有启示性的结论。本研究验证了创业制度环境在创新创业教育和创业意向之间确实起着负向调节作用，假设H5a和H5d得到了明确的支持。然而，假设H5b和H5c并未获得实证数据的支持，这在一定程度上揭示了制度环境在影响创业态度与创业意向、主观规范与创业意向的关系时可能存在的复杂性和多样性。具体来说，调节变量制度环境在创新创业教育对创业意向的影响关系上展现出了显著的负向调节作用。这意味着，尽管创新创业教育可能在一定程度上激发了学生的创业兴趣和意愿，但当前的创业制度环境却在一定程度上弱化了这种教育与创业意向之间的正向关系。这一现象可能源于当前创业制度环境在资源分配、政策支持、市场准入等方面存在的种种不足，使得学生在面对创业时感到迷茫和无力。

然而，值得注意的是，调节变量制度环境在创业态度对创业意向的影响关系上并未显示出显著的调节作用。这可能是由于创业态度更多地取决于个体的内在特质和价值观，而非外在的制度环境。此外，样本中的参与者可能并未充分感受到当前创业制度环境对创业的有利影响，这也可能是导致假设

H5b不成立的原因之一。

形成负面调节效应的另一个可能原因是广州各职业学院的学生对当前中国的创业热潮不太熟悉。当前，中国的创业氛围日益浓厚，但可能由于学院教育、信息传播等原因，学生并未能充分了解和感受到这一热潮。此外，职业学院的学生可能更关注于专业技能的学习和实践，对于创业相关的制度和政策了解不足，这也在一定程度上影响了他们的创业意向。

另外，利好的创业制度环境能够有效提升个体创业意向，进而影响创业行为。这是因为良好的制度环境能够为创业者提供更为丰富的资源、更为优惠的政策和更为广阔的市场空间，从而增强他们的创业信心和动力。同时，创业意向作为创业行为最重要的前置变量，其强弱直接决定了潜在创业者是否会发生创业行为。因此，在提升个体创业意向的过程中，我们不仅要注重创新创业教育的普及和提升，还要努力构建和完善有利于创业的制度环境。

四、创业文化的调节作用

数据结果明确显示，创业文化在创新创业教育与创业意向之间起着至关重要的调节作用。这一发现为我们揭示了创业文化在推动高职学生创业意向形成过程中的积极作用。

首先，我们来看假设H6a："创业文化正向调节创新创业教育与创业意向的关系"。这一假设的验证结果表明，良好的创业文化氛围能够有效促进创新创业教育的开展，并进而提升学生们的创业意向。这是因为创业文化作为一种社会文化现象，能够为师生们提供一个充满创新精神和创业氛围的学习环境，激发他们的创新潜能和创业热情。

其次，假设H6b："创业文化正向调节创业态度与创业意向的关系"也得到了验证。这意味着，当学生们感受到校园内浓厚的创业文化氛围时，他们的创业态度会更加积极，从而更有可能将创业作为自己未来的职业目标。这是因为创业文化能够帮助学生树立正确的创业观念，增强他们的创业信心和决心。

此外，假设H6c和H6d同样得到了支持。它们分别指出，创业文化能够正向调节主观规范与创业意向的关系，以及感知行为控制与创业意向的关系。这进一步强调了创业文化在推动学生创业意向形成过程中的重要作用。

针对这些发现，高职院校应该充分认识到创业文化的重要性，并采取积极措施加强校园文化建设。除了开展不同形式的创新创业教育外，还应该注重校园创业精神氛围的营造。例如，可以通过举办创业讲座、创业比赛等活动来激发学生的创业热情；在校训、校风等方面传递创新创业的意识，引导学生树立正确的创业观念；同时，还要杜绝唯物质的创业成功观，鼓励学生追求更有价值的创业目标。

在进行制度、行为、物质等层面的文化建设时，高职院校也应该贴近实际，注重实效。例如，可以制定鼓励创新创业的政策和制度，为学生提供创业支持和保障；在校园内建设创业孵化基地或创业实践平台，为学生提供实践机会和创业资源；同时，还要注重培养学生的创新思维和实践能力，为他们未来的创业之路奠定坚实的基础。

第二节　研究贡献与创新

本研究旨在深入剖析创新创业教育对高职学生创业意向的影响机制与路径。经过系统研究，我们发现，创新创业教育的实施有望显著增强高职学生的创业意向，进而提升其成为企业家的潜在概率。本研究成功构建了关于创新创业教育对高职学生创业意向影响的机制模型，并通过实证手段，深入探究了创新创业教育影响高职学生创业意向的多重并联中介路径。此外，本研究还探讨了创业制度环境及创业文化在创新创业教育对高职学生创业意向影响过程中的调节作用机制。本研究所得结论对于推动创新创业教育的实践与改革，以及为相关政策制定与评估提供了科学依据，具有重要的理论价值和实践意义。具体而言，本研究的主要贡献与创新点如下所述。

（1）构建了全新的创新创业教育对高职学生创业意向影响机制理论模型

创业研究是一个具有深厚理论基础且跨学科特征显著的领域。它综合了心理学、社会学等多个学科的理论和方法，以更全面地揭示创业现象的本质和规律。特别是在理解创业者和创业过程方面，心理学和社会学的相关理论应用发挥着举足轻重的作用。在深入研究创业意向的过程中，我们回顾了传统的研究方法，结合计划行为理论、三元交互理论等经典理论，深入剖析了创业意向的形成机制和影响因素。同时，我们也积极借鉴创新创业教育领域的研究成果，以期能够更准确地把握创业意向与影响因素之间的复杂关系。为了构建一个更加完善且贴近实际的研究框架，我们将创新创业教育、创业意向、创业态度、主观规范、感知行为控制、制度环境和创业文化这七个关键构念有机整合在一起。这些构念相互关联、相互影响，共同构成了新的创新创业教育对高职学生创业意向影响的理论模型。该新模型的创新之处在于，它首次将计划行为理论的前置因素纳入创新创业教育对创业意向的影响模型中。这一创新不仅使得我们的模型更加完整和深刻，而且能够更好地解释和预测个体的创业意向。通过这一模型，我们可以更清晰地看到高职学生在接受创新创业教育后，其创业意向是如何受到各种因素的影响而塑造的。此外，新模型在继承传统方法优点的同时，也有效地弥补了其中的缺陷。它不仅能够更全面地考虑各种影响因素，而且能够更准确地预测个体的创业意向。这使得读者可以更加深入地理解高职学生创业意向产生的过程，进而对高职创新创业教育的实践进行更加客观和科学的评价与改革。值得一提的是，本书还摆脱了以往在创业意向研究中使用单一模型的局限。通过综合运用多种理论和方法，我们不仅能够更全面地揭示创业意向的形成机制，而且能够拓展创业领域的研究方法，为未来的研究提供新的思路和方向。

（2）探明了创新创业教育影响高职学生创业意向的内在机理

本研究以正在接受创新创业教育的高职学生为研究对象，通过深入细致的问卷调查进行了数据收集，进而构建了模型并进行了实证研究。通过这种方式，我们成功地探明了创新创业教育对高职学生创业意向影响的基本路径与内在机理。这一研究不仅揭示了创新创业教育的深远影响，还为我们进一步理解和优化高职学生的创业意向提供了有力的支撑。

在数据收集阶段，我们精心设计了调查问卷，以确保能够全面、准确地收集到高职学生对创新创业教育的态度和看法。问卷内容涵盖了多个方面，包括人口学变量、前期创业经历以及对创新创业教育的认知和理解等。通过这些数据，我们能够更深入地了解高职学生的创业意向及其背后的影响因素。

在构建模型的过程中，我们充分考虑了创新创业教育的特点和高职学生的实际情况。通过运用先进的统计方法和数据分析技术，我们成功地构建了一个能够反映创新创业教育对高职学生创业意向影响的模型。这个模型不仅揭示了创新创业教育与创业意向之间的直接关系，还进一步探讨了各种可能的影响机制。

通过实证研究，我们发现人口学变量和前期创业经历都会对高职学生的创业意向产生影响。例如，性别、年龄、家庭背景等因素都可能对高职学生的创业意向产生显著影响。同时，前期创业经历也会增强学生的创业信心和意愿，从而进一步推动他们产生创业意向。

此外，我们还深入研究了创新创业教育对创业意向的直接影响机制以及各种可能的影响机制。这些机制包括直接影响路径效应和调节影响路径效应。通过对比分析不同机制的作用方式和效果，我们能够更全面地了解创新创业教育对高职学生创业意向的影响。

最后，我们还分别实证研究了创业制度环境和创业文化两个变量的调节效应。这两个变量在高职学生创业意向的形成过程中起着重要的调节作用。通过探讨它们与创新创业教育的互动关系，可以为创业意向领域的研究提供新的研究视角。

（3）探索了创新创业教育对高职学生创业意向影响的中介路径机制，并构建了中介效应检验程序理论体系

在以往的研究中，学者们广泛采用计划行为理论来深入剖析各种因素对创业意向的影响。这一理论框架为我们理解个体决策过程提供了宝贵的视角，尤其是在探索创新创业教育如何塑造学生创业意向方面。然而，值得注意的是，尽管计划行为理论在创业研究中的应用已相当广泛，但针对中国高职学生这一特定群体的研究却相对较少。

鉴于中国高职学生在创业领域的重要地位以及他们面临的独特挑战，本

书在计划行为理论分析的基础上进行了更为深入和全面的探讨。我们特别关注了创业态度、主观规范和感知行为控制这三个核心要素，并尝试构建了一个多重并联中介路径模型，以更精确地揭示创新创业教育对高职学生创业意向的影响机制。

在创业态度的维度上，我们注意到高职学生对创业持有的积极或消极态度往往受到多方面因素的影响。这些因素包括但不限于个人兴趣、家庭背景、社会氛围以及学校提供的创新创业教育等。通过引入创业态度这一中介变量，我们能够更好地理解高职学生是如何在多种因素的共同作用下形成对创业的特定看法的。

主观规范是指个体在形成决策时所感受到的来自社会或群体的压力。对于高职学生而言，他们的主观规范可能来源于家庭、朋友、老师以及其他同学等多个方面。这些人对高职学生创业意向的影响不容忽视，他们的意见和期望往往会对高职学生的创业决策产生重要影响。

感知行为控制是个体对自己能否成功实施某种行为的信心程度。在创业领域，这种信心往往与个体的能力、资源和经验等因素密切相关。对于高职学生而言，他们是否认为自己具备创业所需的技能和知识，以及是否能够获得必要的支持和资源，都将直接影响到他们的创业意向。

通过构建多重并联中介路径模型，我们能够更全面地探讨这些中介变量在高职学生创业意向形成过程中的作用。这不仅有助于我们更深入地理解创新创业教育对高职学生创业意向的影响机制，还能够为教育实践提供更有针对性的指导。

具体来说，本研究结论对于高职学生的创新创业教育实践具有重要的指导意义。首先，通过明确创业态度、主观规范和感知行为控制等中介变量的作用，我们可以更有针对性地设计创新创业教育课程和活动，以激发学生的创业兴趣和积极性。其次，通过深入了解这些中介变量之间的相互作用关系，我们可以更加精准地评估创新创业教育的效果，并为进一步完善创新创业评价体系提供理论支持。

此外，本研究还为深入推进创新创业教育改革提供了新的思路。在未来的教育实践中，我们可以尝试将多重并联中介路径模型融入创新创业教育的各个环节中，以提升教育的针对性和实效性。同时，我们还可以通过开展实证研究来验证和优化这一模型,以不断推动创新创业教育的创新与发展。

(4)基于"个体—环境"的视角,研究了创业制度环境与创业文化对高职学生创业意向的调节效应

本研究在深入剖析高职学生创业意向的影响机制时,创新性地引入了创业制度环境和创业文化这两个概念,旨在通过相关理论进一步打开创新创业教育对高职学生创业意向影响的"黑箱"。通过实证分析,我们揭示了创业制度环境与创业文化在影响高职学生创业意向过程中的共同作用,特别是它们所起到的调节作用。首先,我们深入探讨了创业制度环境对高职学生创业意向的影响。创业制度环境涵盖了政策环境、市场环境、融资环境等多个方面,它们为创业者提供了必要的支持和保障。对于高职学生而言,一个完善的创业制度环境能够降低创业门槛,减少创业风险,从而激发他们的创业热情。例如,政府出台的一系列创业扶持政策,如税收优惠、创业贷款等,为高职学生提供了政策保障和资金支持,有利于他们顺利开展创业活动。

同时,我们也注意到创业文化在影响高职学生创业意向方面的重要作用。创业文化是指一种鼓励创新、支持创业的价值观念和行为方式。在一个积极向上的创业文化氛围中,高职学生更容易受到启发和激励,从而培养起创业意识和创业精神。例如,学校可以举办创业讲座、创业大赛等活动,营造浓厚的创业氛围,引导学生了解创业知识,激发他们的创业兴趣。

此外,本研究还深入分析了创业制度环境与创业文化之间的相互作用。一方面,创业制度环境的优化和完善有助于推动创业文化的形成和发展;另一方面,创业文化的普及和深化又能够反过来促进创业制度环境的进一步改善。这种相互作用共同推动了高职学生创业意向的提升。

本研究的结论为创业意向的研究开启了新的视角,进一步完善了创业理论研究框架。通过引入创业制度环境和创业文化这两个概念,更全面地揭示了高职学生创业意向的影响机制,弥补了当前有关创业意向研究中遗漏高职学生特征的缺陷。这不仅有助于深化我们对高职学生创业意向的认识,也为高校开展创新创业教育提供了有益的参考和借鉴。

(5)进一步拓展了创业意向研究的范畴

本研究深入探讨了创新创业教育对高职学生创业意向的影响路径机制,通过综合分析多种影响变量,揭示了直接效应路径、多重并联中介路径以及

调节效应机制等复杂而细致的相互作用过程。这一研究不仅扩大了创业意向前置变量的研究范畴，也为未来创业意向领域的研究奠定了坚实的理论基础。

首先，研究聚焦于直接效应路径，即创新创业教育如何直接影响高职学生的创业意向。通过对大量数据的分析，研究发现，创新创业教育能够显著提升学生的创新思维、创业能力和风险意识，进而增强他们的创业信心和意愿。这些发现为我们理解创新创业教育与创业意向之间的直接关系提供了有力的证据。

其次，研究还探索了多重并联中介路径的作用机制。这一路径强调了创业教育过程中各种中介因素之间的相互关联和共同作用。例如，创业教育课程可能通过提升学生的自我效能感和创业知识水平，进而激发他们的创业动机；同时，创业实践活动则可能通过培养学生的实际操作能力和团队协作精神，进一步巩固强化他们的创业意向。这些中介因素在创新创业教育与创业意向之间起到了桥梁和纽带的作用，共同构建了一个复杂而动态的影响网络。

此外，研究还关注了调节效应机制在创新创业教育影响创业意向过程中的作用。调节效应机制揭示了不同个体特征、环境因素等如何影响创新创业教育与创业意向之间的关系。例如，个人特质、家庭背景、社会环境等因素都可能对创新创业教育产生调节作用，使得相同的教育干预在不同个体身上产生不同的效果。这一发现有助于我们更全面地理解创业意向的形成机制，并为制定个性化的创业教育策略提供了重要参考。

通过深入剖析这些影响路径机制，本研究不仅丰富了我们对于创业意向前置变量的认识，也为高职院校深化创新创业教育改革提供了有力的理论支持。未来，高职院校可以借鉴本研究的理论成果和实践经验，探索更加有效的创新创业教育模式，进一步强化和提升学生的创业意愿和能力，为培养具有创新精神和实践能力的高素质人才作出积极贡献。

第三节 研究启示

创新创业对于一国的可持续经济增长具有至关重要的影响,个体的创业意向预示着潜在的创业行为。在当前中国创新创业教育的背景下,本书深入探讨了高职学生创业意向模型,并对影响创业意向的创业制度环境与创业文化进行了系统研究。此前的研究鲜有涉及创业制度环境和创业文化对个体创业意向的深刻影响。本书的研究结论对政府、高校及家庭均具有深远的启示意义。

针对高职学生或更广泛的个体创业者,政府应出台一系列优惠政策,包括税收减免、资源扶持、资金援助以及社会支持等,以优化创业制度环境,助力创业行为的顺利启动与推进。对于高职院校及家庭而言,应充分认识到提升高职学生创业意向的重要性,通过实施与配合创新创业教育,使学生更为深入地了解创业制度环境与创业文化。

具体而言,本书的实践启示体现在以下几个方面。

第一,分类施教,全面提升高职学生创业意向。研究表明,高职学生的创业意向受到所学专业、年级、个人创业经历以及家庭背景等多重因素的影响。因此,在创新创业教育实践中,应根据学生的个体差异,制定差异化的教学目标,并采用多样化的教学方法与手段。特别是针对不同专业的学生,应充分融合创业相关课程与专业教育,以强化学生的创业意向。同时,鉴于创业需要跨学科、复合交叉的知识结构,创新创业教育应打破知识界限,构建跨学科交叉融合的人才培养新机制与课程体系,推动创新创业人才培养向跨学科、跨专业方向发展。此外,高职院校还应通过改革教育教学方法,注重培养学生的独立性和自主性,提高其对创业制度环境和创业文化的认知与理解。

第二,改善创业制度环境,激发高职学生创业意向。根据意向理论模型及计划行为理论模型等经典理论,外部环境和个体因素共同作用于创业意向的形成。在当前中国创业制度环境不断优化的背景下,潜在创业者通过持续的创业学习,不断提升创业能力。制度环境既直接影响高职学生创业意向的形成,又通过影响个体学习效果间接作用于创业意向。尽管中国在政府支持、创业规划及内部市场动态性等方面表现出一定优势，但在创业融资、税收政策、创业教育、研发转化、商业设施及文化社会规范等方面仍有待提升。因此，我们应从规制、规范及认知三个维度出发，全面优化中国创业制度环境，以更好地激发高职学生群体的创业热情与潜能，进而推动我国创业生态的持续优化与升级，提升机会型创业者的比例，增强国家创新能力。

　　第三，深化校园文化建设，积极营造浓厚的创业精神氛围。本研究的结果明确指出，学生所感知的创业文化在创新创业教育与创业意向之间起着至关重要的调节作用。这一发现为我们揭示了高职院校在培养学生创新创业能力方面，应注重构建良好的创业文化环境。创业文化作为一种独特的校园文化，它蕴含着敢于冒险、勇于创新、追求成功的精神内核。在高职院校中，若能够营造出浓厚的创业文化氛围，将极大地促进师生在创新创业教育领域的深入探索，并有效强化学生的创业意向。因此，各高职院校应高度重视并切实加强校园文化建设工作，让创业文化成为推动学校发展的强大动力。首先，高职院校应着力营造充满创业精神的校园氛围。以"立德树人"为根本，通过校训、校风等载体，积极传递创新创业的核心理念，引导学生树立正确的创业观念。同时，要坚决摒弃唯物质论的创业成功观，引导学生正确看待创业过程中的困难和挑战，培养他们坚韧不拔、勇攀高峰的精神。其次，高职院校应加强创业文化阵地建设，实施文化精品工程。通过优化创业园区的布局，使其更加合理、开放，为学生提供良好的创业实践平台。同时，加强创业实训实践基地与社会企业的紧密对接，使学生能够在实践中深入了解市场需求和创业环境，从而更好地规划自己的创业道路。此外，高职院校还应注重创业价值观的传递。通过举办创新创业大赛、宣传"创业之星"等活动，使更多有创业意愿和能力的学生脱颖而出。同时，充分发挥校内外创业导师的榜样作用，以及创业社团、协会的能动作用，为学生提供创业指导和支持。在打造支持创业的文化氛围方面，高职院校应提供必要的心理支持和资源支持。对于那些有创业想法但缺乏自信和资源的学生，学校可以通过开展创业心理辅导、提供创业资金支持等方式，帮助他们克服创业初期的困难，增强他们的创业信心。最后，高职院校还应通过丰富多样的创业活动，促进学生创新创业能力的全面提升，实现"知行合一"的教育目标。这包括组织创业讲座、创业沙龙等活动；邀请成功创业者分享经验，激发学生的创业热情；开展创业项目实战训练，让学生在实践中锻炼自己的创新创业能力。

第四，深化产教融合，推动高职创新创业教育实践发展。本研究结果表明，拥有创业经历的被试者在创业意向方面显著高于无创业经历者。这一发现凸显了创业经历在塑造个体创业意向中的关键作用，并强化了创新创业教育对创业意向的积极影响。对于高职院校而言，创业竞赛和创业辅导等实践活动不仅为学生提供了宝贵的创业经验，而且通过改变感知行为规范，进而激发了学生的创业意向。因此，高职院校在推进创新创业教育过程中，应高度重视创业方案的设计与实施。通过角色扮演、商业游戏、经营模拟与技能开发练习等多种形式，有效提升学生的创新意识与实践能力。同时，应积极引入体验式学习理念，为学生打造更加贴近实际的创业实践平台，以激发其创业兴趣并增强创业意向。此外，高职院校还应积极探索校企融合、产教融合等多元化合作模式，与不同行业、不同领域的企业建立紧密的合作关系。通过与企业共同开展创新创业项目、实习实训等活动，使学生能够更好地了解市场需求和行业动态，为未来的创业之路奠定坚实基础。在社交网络日益发达的今天，高职院校还应加强与专业机构之间的合作与交流，共同探索创业新趋势和职业前景。通过举办创业讲座、研讨会等活动，为学生提供更加系统和专业的创业指导服务，帮助其更好地发掘和利用自身的创业潜能。

第五，构建完善的高职创新创业教育生态体系。创办新企业不仅需要具备丰富的创业技能、素养和创新思维，还需要在创业行为及其影响因素的熏陶下不断成长。因此，高职院校的创新创业教育要想取得更加显著的成效，必须构建一个完善、多元的生态体系，以提供全方位的支持和保障。这个生态体系应涵盖创新创业教育、创业政策宣传、社会支持与家庭支持获取等多个方面。从利益相关者的视角出发，我们需要构建一个纵横交错、相互支持的创新创业生态系统。在这个过程中，科技界、产业界以及金融、投资等领域都应发挥积极作用，共同营造一个支持学生创新创业的良好氛围。同时，高职学生创新创业需要社会、学校、企业以及家庭等各方力量的共同参与和协作。通过整合各方资源、优化资源配置，我们可以为学生创造一个更加有利于创新创业的环境和条件。这不仅有助于提升学生的创新意识和创业精神，还能有效增强其创业兴趣和创业能力。最终，通过构建完善的高职创新创业教育生态体系，可以不断提升学生的创业意向和创业能力，为培养更多具有创新精神和实践能力的优秀人才奠定坚实基础。

第四节 研究的不足与展望

一、研究的不足

本研究秉持科学严谨的态度，遵循研究的规范，深入探究了创新创业教育对高职学生创业意向的影响机制与路径。然而，在研究过程中，仍不可避免地存在一些局限与不足之处。

第一，本研究在样本测量与样本数据方面存在局限性。本研究聚焦于广州地区的高职学生，并未涵盖已毕业学生。此外，研究样本受限于地域和人群范围，未来研究应致力于覆盖更广泛、多样化的潜在创业者群体。虽然高职高专院校是本研究的主要调查对象，但未来的研究也应考虑将普通高等院校学生和中小学生群体纳入研究范畴，以更全面地反映创新创业教育的影响。

第二，本研究在变量测量量表方面虽然采用了国外成熟量表，并通过翻译修改以适应国内情境，但原始量表之间的情境差异可能导致测量误差。因此，未来的研究应针对中国情境开发更为适用的新量表，以提高研究的准确性和可靠性。此外，本研究仅对特定时段的样本进行了调查，未能充分考虑调查对象创业状态与意向随时间的变化。为弥补这一不足，未来的研究可采用固定样本跟踪研究方法，对高职学生毕业生创业团队进行长期观察，以更深入地了解其在社会创业中的表现及其对创新创业教育的需求。

第三，本研究在结构模型方面也存在一定的局限性。本研究从创新创业教育、计划行为理论、三元交互论等角度分析了高职学生的创业意向，但并未全面考虑其他可能影响创业意向和创业行为的变量。例如，个体的成长环境、家庭背景等均可能对创业意向产生重要影响。因此，在未来的研究中，应进一步拓展研究视角，将更多相关因素纳入创业意向模型，以更全面地揭示创业意向的形成机制和影响因素。

二、未来研究方向

经过一系列严谨的实证研究，我们深入剖析了创新创业教育对高职学生创业态度和创业意向的影响，发现其在激发学生的创业热情、塑造创业观念以及提升创业能力等方面均起到了显著作用。然而，如何将这些实证研究结果有效应用于高职创新创业教育的实践中，使其真正发挥作用，仍是一个值得深入探讨的问题。

当前，我们对于某些教育变量与创业意向乃至创业行为之间的潜在因果关系仍缺乏深入了解。例如，教育课程内容作为创新创业教育的重要载体，其设置是否合理、是否具有针对性和实用性，直接关系到学生创业意向的形成。因此，我们需要对课程内容进行深入研究，挖掘其与创业意向之间的内在联系，以优化课程设置，提升创新创业教育的效果。

此外，教学方法的选择也是影响学生创业意向的关键因素。不同的教学方法会对学生的学习方式、思维方式产生不同的影响。例如，主动学习能够激发学生的探索精神和创新意识，而被动学习则可能使学生陷入思维定式，难以形成独特的创业观念。因此，我们需要针对不同类型的学生和课程内容，选择恰当的教学方法，以提高学生的创业意向水平。

同时，教师的专业背景也是影响学生创业意向的重要因素。具备丰富创业经验和深厚理论素养的教师能够为学生提供更为精准、有效的创业指导，帮助学生树立正确的创业观念，提升创业能力。因此，高职院校应加强对教师的培训和管理，提升教师的专业素养和创新创业能力，以更好地服务于创新创业教育的实践。

在制定商业计划的过程中，如何影响个体的创业意向同样是一个值得探讨的问题。商业计划作为创业过程中的重要环节，其制定过程不仅要求学生具备扎实的专业知识，还需要他们具备创新思维和解决问题的能力。因此，我们可以通过引导学生参与商业计划的制定过程，培养他们的创新思维和创业能力，进而强化他们的创业意向。

此外，不同类型的教育模式对学生创业意向的影响也是值得研究的领域。主动学习与被动学习、面对面学习与线上学习等模式各有优劣，我们需要通过实证研究来探讨哪种模式更有助于提升学生的创业意向，以提高创新创业教育的针对性和实效性。

最后，高职教育工作者的创业意向对高职学生创业意向的影响也不容忽视。教育工作者的创业意向会在一定程度上影响到学生的创业态度和意向。因此，我们需要加强对教育工作者的创业教育和引导，让他们成为创新创业教育的积极推动者和实践者，以更好地激发学生的创业热情和潜力。

综上所述，创新创业教育对高职学生创业态度和创业意向的影响是多方面的、复杂的。我们需要从多个角度入手，深入研究和探讨相关问题，以优化创新创业教育的实践，提升高职学生的创业能力和创业意向水平。

附录：调查问卷

创新创业教育对高职英语专业学生创业意向的影响

亲爱的先生/女士：

您好！本问卷调查属于里斯本大学学院博士生所进行的学术研究项目。本研究的目的是探索创新创业教育对广州高职院校英语专业学生创业意向的影响机制。问卷问题没有对错之分，如果问题答案未能表达你的观点，请选择离你想法最接近的答案或给出你最为理想的答案。本问卷内容不会涉及你学校的商业机密，问卷所收集的信息也不会用于任何商业目的，研究只为学术研究。问卷填写需要花费您10分钟。请客观填写以下问卷。

研究问题	变量	量表条目	条目来源
创新创业教育如何影响高职英语专业学生创业意向	创新创业教育	具有创造性的校园氛围激发了我创业的想法； 创业课程培养了企业家所需要的社会领导能力； 创业课程提供给学生创办新企业需要的知识； 大学支持我建立跨学科学生团队； 大学积极推进建立新公司的流程； 大学提供新企业投资者强大的关系网络	Frank、Luthje
	创业意向	我准备尽可能成为创业者； 我的职业目标是成为创业者； 我将努力运营自己的企业； 我决定未来创办自己的企业； 我非常认真想创办自己的企业； 我有坚定的意向要在某日创办企业	Linan、Chen
计划行为理论作为认知模型如何服务于高职学生英语专业学生创业意向	创业态度	成为企业家的暗示的优势大于劣势； 创业者职业对我很有吸引力； 如果我有机会和资源我想创办企业； 成为企业家对我来说很满意； 在各种选择中，我倾向于成为企业家	Linan、Chen、Kolvereid
	主观规范	如果我决定创业，我的家人支持我的决定； 如果我决定创业，我的朋友支持我的决定； 如果我创业，我的同事支持我创业； 如果我成为企业家，其他人支持我的决定	
	感知行为控制	创办企业并运行对我来说容易； 我准备创办一个可行的企业； 我能控制新企业的创造过程； 我知道创办企业所需要的实践细节； 我知道如何发展一项创业项目； 如果我创办企业，我有很大概率会成功	

续表

研究问题	变量	量表条目	条目来源
在广州高职院校中制度环境如何影响学生创业意向	制度环境的影响	中国政府组织支持个人创办自己的企业； 政府搁置新企业和小企业的政府合同； 当地和国家政府对想要创办企业的个人有特殊支持； 政府赞助帮助创办新企业的组织； 即使早期创业失败，政府还是会支持创业者创办企业； 个人知道如何合法地保护新企业； 创办新企业的人员知道如何应对风险； 创办新企业的人员知道如何管理风险； 多数人知道在哪找到有关产品市场的信息； 将新的想法变成企业在这个国家被认为是值得尊敬的事业； 在这个国家，创新性和创造性思维被看作是新的成功的路径； 企业家在这个国家被尊敬； 在这个国家的人员十分尊敬那些创业者	Busenitz、Manolova
在广州高职院校中创业文化如何影响学生创业意向	创业文化的影响	在中国，国家文化高度支持通过个人努力获得的成功； 在中国，国家文化强调个人满足、自制力和个人创意； 在中国，国家文化鼓励企业冒风险； 在中国，国家文化鼓励创新性和创意； 在中国，国家文化强调在管理自我生活中的个人而非集体的责任	Levie、Autio

您的性别是：□男性，□女性

你学校的名字是：_____

你的专业是：□A.理工类，□B.英语类，□C.文史类，□D.艺术类，□E.其他（请写出）_____

参考文献

[1]丁建略,田浩.文化心理学中的文化概念辨析[J].学术论坛,2007,12:67-70.

[2]丁明磊,丁素文.大学生创业自我效能、行为控制知觉与创业意向的实证研究[J].统计与信息论坛,2011,26(3):108-112.

[3]段文婷,江光荣.计划行为理论述评[J].心理科学进展,2008,16(2):315-320.

[4]甘丽华.产业升级背景下大学生创业教育现状调查与对策——以珠三角高职外贸英语专业学生为例[J].高教探索,2015(7):124-128.

[5]郭国庆,张中科,陈凯,等.口碑传播对消费者品牌转换意愿的影响:主观规范的中介效应研究[J].管理评论,2010,22(10):62-69.

[6]郭洪,毛雨,白璇,等.大学创业教育对学生创业意愿的影响研究[J].软科学,2009,23(9):69-74.

[7]贺丹.大学生创业倾向的影响因素分析[D].杭州:浙江大学,2006.

[8]黄炳沧.创业行为、个人特质、人际网络及社会倾向之关联性研究[D].台北:台湾大学,1993.

[9]胡玲玉,吴剑琳,古继宝.创业环境和创业自我效能对个体意向的影响[J].管理学报,2014,11(10):1486-1488.

[10]蒋春燕.公司企业家精神制度环境的地区差异——15个高新技术产业开发区企业的实证研究[J].经济科学,2010.

[11]李国锋,孙雨洁,张冰超.基于SEM模型的大学生创业意愿影响因素研究:来自山东省6所高校的实证数据[J].山东财经大学学报,2017(6):

83-90.

[12]李海翔. 大学生心理资本对创业意愿的影响研究[D]. 西安：西安工程大学，2012.

[13]李兴光. 创新创业教育对大学生创业意向的影响机制与路径研究[D]. 北京：对外经济贸易大学，2020.

[14]李永道，林琳. 高职院校大学生创新创业路径探究：以山东商业职业技术学院为例[J]. 山东商业职业技术学院学报，2019（1）：68–70.

[15]李永强，白漩，毛雨，等. 创业意愿影响因素研究综述[J]. 经济学动态，2008（2）：81–83.

[16]李永强，白漩，毛雨，等. 基于TPB模型的学生创业意愿影响因素分析[J]. 中国软科学，2008（5）：122–128.

[17]李怀祖. 管理研究方法论[M]. 2版. 西安：西安交通大学出版社，2004.

[18]历校麟. 女性创业动机变迁与当代女性创业动机和创业态度的研究[D]. 杭州：浙江理工大学，2013.

[19]林邦杰. 最不喜欢工作伙伴量表的因素结构及其与刻板印象、自我概念之关系[J]. 中华心理学刊，1979（21）：210–211.

[20]宁德鹏. 创业教育对创业行为的影响机理研究[D]. 长春：吉林大学，2017.

[21]宁德鹏，莫怀荣，葛宝山. 不同性质高校学生创业因素差异分析——基于全国百所高校的实证考察[J]. 广西社会科学，2017（5）：201–206.

[22]刘鹤年. 高职生创新创业教育现状、原因及对策研究[D]. 石家庄：河北师范大学，2018.

[23]李兰，仲为国，彭泗清，等. 当代企业家精神：特征、影响因素与对策建议——2019中国企业家成长与发展专题调查报告[J]. 南开管理评论，2019（6）：4–13.

[24]李笑. 天津高职院校学生创业意愿影响因素分析[D]. 天津：天津师范大学，2020.

[25]刘建中. 谁更愿意创业？谁更有可能创业？——基于全国30所高校

大学生创业意向调查的实证分析[J]. 中国软科学，2011（8）：94-97.

[26]刘琼芳，万梦莹. 创业教育对大学生创业意向的影响研究[J]. 湖北理工学院学报（人文社会科学版），2016（1）：85-88.

[27]李静薇. 创业教育对大学生创业意向的作用机制研究[D]. 天津：南开大学，2013.

[28]李海垒. 大学生创业意向及其与社会文化、人格的关系[D]. 济南：山东师范大学，2012.

[29]莫寰. 中国文化背景下的创业意愿路径图——基于"计划行为理论"[J]. 科研管理，2009，30（6）：8.

[30]冉晓丽. 大学生创业态度和创业意向的关系研究[D]. 郑州：河南大学，2010.

[31]桑雷. 高职学生职业核心素养及其培养研究[D]. 南京：南京师范大学，2020.

[32]史烽，潘延杰. 影响消费者网上购物意向的社会性因素研究[J]. 商业时代，2010（11）：39-40.

[33]孙强. 高校学生创业动机的影响因素及对高校创业教育的启示[D]. 天津：南开大学，2011.

[34]王满四，李楚英. 基于6因素模型的大学生创业意愿影响因素分析[J]. 广州大学学报，2011，10（1）：90-95.

[35]王诗桐. 创业者特质、创业态度与创业倾向关系研究[D]. 长春：吉林大学，2015.

[36]吴敬琏. 吴敬琏在风险投资与金融论坛发表演讲时提出制度重于技术[J]. 领导决策信息，1999（21）：17.

[37]吴明隆. 结构方程模型：AMOS的操作与应用[M]. 重庆：重庆大学出版社，2008.

[38]吴明隆. 问卷统计分析实务：SPSS操作与应用[M]. 重庆：重庆大学出版社，2010.

[39]王宏印. 跨文化心理学的文化概念与文化观点[J]. 陕西师大学报（哲学社会科学版），1994，23（3）：57-62.

[40]向春，雷家骕. 大学生创业态度和倾向的关系及影响因素——以清

华大学学生为研究对象[J]. 清华大学教育研究，2011，32（5）：116-124.

[41]徐小洲，倪好，吴静超. 创业教育国际发展趋势与我国创业教育观念转型[J]. 中国高教研究，2017（4）：6.

[42]薛永基，白雪珊，胡煜晗. 感知价值与预期后悔影响绿色食品购买意向的实证研究[J]. 软科学，2016，30（11）：131-135.

[43]杨智，董学兵. 价值观对绿色消费行为的影响研究[J]. 华东经济管理，2010（24）：131-133.

[44]张红. 高职院校"双创"教育现状及对策研究[D]. 石家庄：河北师范大学，2019.

[45]张思敏，薛永基，冯潇. 创业态度、创业环境影响农民创业行为的机理研究——基于结构方程模型的农民创业调查分析[J]. 调研世界，2018（7）：47-55.

[46]张勋，万广华，张佳佳，等. 数字经济、普惠金融与包容性增长[J]. 经济研究，2019，54（8）：71-86.

[47]张永宾. 众创背景下大学生创业意愿影响因素研究[D]. 合肥：安徽大学，2017.

[48]张玉利，谢巍. 改革开放、创业与企业家精神[J]. 南开管理评论，2018（5）：4-9.

[49]张玉利，陈忠卫，谭新生. "首届创业学与企业家精神教育研讨会"会议综述[J]. 南开管理评论，2003，6（5）：78-80.

[50]赵静. 创业者特质：创业教育对大学生创业动机的影响研究[D]. 武汉：华中师范大学，2015.

[51]周晓宏，郭文静. 探索性因子分析与验证性因子分析异同比较[J]. 科技和产业，2008（9）：69-71.

[52]周新发，王姐. 基于TPB视角的消费者网络财产保险购买意愿研究[J]. 保险研究，2014（7）：51-60.

[53]朱虹. 论制度对公司创新创业和战略的影响[J]. 管理学季刊，2019（2）：34-43.

[54]朱祝. 广州地区高职院校创新创业教育研究[D]. 广州：广东技术师范学院，2018.